叶美兰　袁　潇／著

方仲玮／编绘

漫话
中国邮政文化史

人民邮电出版社

北京

图书在版编目（CIP）数据

漫话中国邮政文化史 / 叶美兰，袁潇著 ; 方仲玮编
绘 . -- 北京 : 人民邮电出版社，2023.12
ISBN 978-7-115-63022-3

Ⅰ . ①漫… Ⅱ . ①叶… ②袁… ③方… Ⅲ . ①邮政—
文化史—中国—青少年读物 Ⅳ . ①F632.9-49

中国国家版本馆CIP数据核字(2023)第212964号

内 容 提 要

　　本书是一部关于邮政文化史的通俗读物，用形象的漫画和生动的文字，展现中国古代邮驿制度奠基、形成、繁荣的演进嬗变，以及近现代邮政的变迁。本书以邮政发展历程为主线，按照先秦时期邮驿规模初具、秦汉时期邮驿方兴未艾、魏晋南北朝时期邮驿风起云涌、隋唐时期邮驿兴盛繁荣、宋元时期邮驿演进嬗变、明清时期邮驿改革发展，再到中国近现代邮政开拓创新的脉络，以诙谐幽默、接地气的方式，介绍了诸多相关知识点，还通俗地讲述了中国历史上多个时期与邮政发展相关的故事，如弦高犒师、鸿雁传书、鲤鱼传书、洪乔之误、临洺之战、李飞雄诈乘驿马、鸡毛信等。

　　本书向读者呈现了中华传统文化中留下深深印记的邮驿符号，可让大众系统了解中国邮政文化知识。

◆ 著　　　　叶美兰　袁　潇
　 编　绘　　方仲玮
　 责任编辑　韦　毅　房　建
　 责任印制　李　东　焦志炜
◆ 人民邮电出版社出版发行　　北京市丰台区成寿寺路 11 号
　 邮编　100164　电子邮件　315@ptpress.com.cn
　 网址　https://www.ptpress.com.cn
　 北京瑞禾彩色印刷有限公司印刷
◆ 开本：720×960　1/16
　 印张：10.75　　　　　　　　2023 年 12 月第 1 版
　 字数：172 千字　　　　　　 2023 年 12 月北京第 1 次印刷

定价：49.80 元
读者服务热线：(010)81055552　印装质量热线：(010)81055316
反盗版热线：(010)81055315
广告经营许可证：京东市监广登字 20170147 号

序 一

吴基传　原邮电部、原信息产业部部长

我国是世界上邮政起源最早的国家之一，也是世界上最早
颁布邮驿律令、成功组织公文书信传递的国家之一。
几千年以来，邮政与中华民族兴衰同步、与国家发展相随，
在绵延不绝的中华文明中保持相对稳定，这在世界通信史
上是罕见的。

　　古代邮政从先秦到晚清，逐步发展起来。古代的邮驿出现
了"符节""烽火""烽烟""驿券""午道"等邮政方式。古代邮驿
的功能是"置邮传命"。皇权之至，邮驿之及，国家边疆开拓到哪里，邮驿通信就部署
到哪里。邮驿是国家的命脉，是实现主权管理、服务军事活动、参与日常管理的重要
行政手段之一。

　　近代邮政从晚清开始到中华人民共和国成立之前，历时 50 余年。在这一阶段，邮
驿向邮政转变，业态出现本质变化：服务范围扩大，由政府到百姓；邮政工具实现现代
化，从传统手工作业向半自动化、半机械化转变；邮政业务增多，从公文到私信，再到
包裹、金融。"传邮万里，国脉所系"，邮政服务广大百姓，通政通商通民，促进经济和
文化的交流。此阶段的邮政既服务于国家政治，又扎根社会民生，是国民经济的基础
设施和先行部分，加速了中国社会近代化发展进程。

　　当代邮政是从 1949 年中华人民共和国成立至今，已走过 70 余年的历程。在这一
阶段，邮政业态再次发生变化，既有基础性业务，又有金融业务（银行、保险、证券等），
还有快递物流业务（标快、快包、国际物流、合同物流等）。邮政功能得到拓展——"情
系万家，信达天下"。在此阶段，邮政业务全程全网协作可以做到分层分级、实时动态，
以互联网＋、人工智能、大数据等现代信息技术，利用现代交通工具，使世界变成"地

球村"。

邮政在这三个历史阶段的文化符号、象征体系有所变化。古代叫"置邮传命"，近代叫"传邮万里，国脉所系"，当代叫"情系万家，信达天下"。同时，邮政文化内涵从政治延伸到经济、文化、社会等领域，成为"民族过去的投影"。邮政在这三个历史阶段的漫长演变，积淀了深厚的邮政文化底蕴。这种邮政文化需要传承。那么邮政文化应从哪几个方面去传承呢？

一是理念的传承。"信"，可靠，诚信为本，体现邮政特色。清朝邮政提出的"常、速、妥"，中华邮政提出的"快，安全、普遍和服务"，中华人民共和国人民邮政将它提炼总结为"迅速、准确、安全、方便"。二是制度的传承。历史上的朝代几乎都有邮驿法令，如秦朝行书律、魏晋邮驿令、清朝邮政章程、民国邮政法等，一直到现在的邮政法，都体现着管理者或国家在邮政领域的意志。三是思想的传承。家国情怀没有变，天下邮政是一家。邮政文化中的核心元素没有变，这是思想的力量，也是文化软实力的体现。

南京邮电大学叶美兰教授团队创作的《漫话中国邮政文化史》一书正是邮政文化的当代传承。此书用漫画的形式将中国邮政的发展脉络勾勒出来，通过一个个故事再现了邮政发展中的文化理念、邮政制度、组织机构、理想情怀，让读者以一种轻松愉悦的方式阅读案例知识，这是对邮政文化史普及的一种积极探索和尝试。同时，此书还将价值引领元素巧妙地融入邮政故事，潜移默化地培养年轻读者的家国情怀。

邮政文化史是一个文化阵地，是社会主义文化的组成部分。2017 年，党的十九大报告指出：中国特色社会主义文化，源自于中华民族五千多年文明历史所孕育的中华优秀传统文化，熔铸于党领导人民在革命、建设、改革中创造的革命文化和社会主义先进文化，植根于中国特色社会主义伟大实践。因此，总结提炼邮政发展历史体现出来的中华优秀传统文化、革命文化和社会主义先进文化，总结邮政发展规律，为当代邮政发展提供借鉴，正是我们落实文化强国战略的一种方式。

最后，希望《漫话中国邮政文化史》能够得到读者的肯定。

序 二

马军胜　全国政协委员, 国家邮政局前局长

邮政业是国家重要的社会公用事业, 是服务生产生活、促进消费升级、畅通经济循环的现代化先导性产业, 发挥着连接千城百业、联系千家万户、连通线上线下的重要作用。1979 年, 在第十七次全国邮电工作会议上, 中共邮电部党组明确提出"邮电通信是社会生产力"的理论判断。近十年来, 中国邮政业改革发展成效显著: 建成了惠及超过 14 亿人口、全球最大的邮政普遍服务体系, 基本实现了邮政普遍服务均等化和可及化。邮政快递业推动流通方式转型、促进消费升级、助力生产发展, 适应了经济社会发展和人民日益增长的需求。

在人类漫长的进步史中, 邮政技术的发展史只是沧海一粟。人类对于彼此连接的渴望, 可以追溯到数千年以前。早在现代科学技术尚未出现的古代社会, 人们就已经开始采用各种方式传送信息。烽火、虎符、信件等信息通信工具, 依托发达的陆运、水运, 在纵横交错的交通网络之上, 构成发达的信息通信系统。邮驿网络日渐成熟, 它连接时间与空间, 保障政令、军令畅通, 成为维系帝国统治和民族统一的基础设施。星汉灿烂, 文明激荡, 中国古老的通信文化与邮政制度在历朝更迭中承续, 成为中华文明的重要构成部分。

今天的大部分青少年或许对"车慢、马也慢"的书信时代比较陌生, 他们更熟悉 QQ、微信这些即时通信应用, 对 5G、大数据、云计算这些前沿的通信技术名词或许也有不少接触。书信、邮票等作为曾经主要的长途信息传递载体, 在今天的应用已经大大减少, 更多地蜕变为一个年代的符号与一代人的记忆, 至于作为通信技术前身的邮驿工具与邮政文化, 可能更鲜为人知。

人们瞭望未来，是为了判断我们将到何处去；而学习历史，在于了解我们从何处来。古老中国在邮政文化方面的工具发明与制度发明硕果累累，一些事件、典故影响至今。可以说，邮政文化史是中国人民对信息传输技术的上下求索史，它承接着现代文明与古代智慧，诉说着中国邮政文化的来龙去脉。

历史的宏大叙事通常抽象而难以把握，尤其是对邮政文化史而言，类似于信幡、斥候铺、邮驿分流等术语与知识更是丰富，让人应接不暇，想要引起大众的兴趣并不容易。为此，以何种作品形式再现邮政文化史，跨越专业研究领域与大众理解水平之间的鸿沟，是邮政文化科普面临的问题。

这本《漫话中国邮政文化史》很好地解决了这一问题。南京邮电大学校长叶美兰教授团队采用漫画的方式，通俗地再现了中国不同历史时期的邮政文化，在刻板严肃的文化史之外，独辟蹊径，创作出一部妙趣横生的中国邮政文化史科普作品。本书以中国的历史朝代演进作为邮政文化发展的大历史背景，展现每个历史时期的通信技术与邮政制度发明，又将这一宏大的历史背景与邮政技术知识、文化元素进行巧妙的编织，以生动的历史小故事呈现出来。其中还不乏采用当下诙谐的网络语言，介绍故事中人物的心理活动。在这本书中，漫画与文字相映成趣，一改邮政文化知识生硬晦涩的面貌，为遥远的历史增添了现实温热的触感，拉近了历史知识与青少年的时空距离和情感距离。相信青少年读者阅读这本书时，在收获漫画带来的愉悦之外，还将系统地了解中国邮政文化知识。

启蒙运动以降，人类的科学技术空前辉煌，科学理性充分发展，公众对于知识的需求也在同步增长。中国邮政文化史作为人类智慧的体现，值得被记录、传播。邮政研究者肩负着邮政文化科普与传播的使命，科普召唤着人文关怀与价值引领。高校作为科技研究的重镇，是实现大科普格局目标的重要参与者、推动者。《漫话中国邮政文化史》传达出叶美兰教授团队对这本邮政文化科普读物的创作诚意，彰显了邮电人对邮电事业的情怀与责任。期待这本由南京邮电大学团队创作的科普图书，可以帮助青少年了解邮政通信技术与中国历史命运沉浮的勾连，激发青少年对邮政文化和通信技术的好奇心，激扬青少年的家国情怀，在青少年群体中播撒热爱中国邮政业的种子，激励青少年未来积极投身邮政发展改革大潮，用智慧为邮政强国建设添砖加瓦。

序 三

赵厚麟　国际电信联盟前秘书长

邮政业是关系民生的社会公用事业，邮政体系是国家重要的战略性基础设施和社会组织系统之一。放眼全球，在邮政行业改革和市场转型不断推进的进程中，各国邮政一直坚守提供普遍服务的主体地位。国际社会普遍认为，在邮政改革和市场自由化的环境下，政府为邮政普遍服务提供充分保障，有利于社会公正、社会稳定和经济发展，建立邮政普遍服务保障机制是社会进步的表现。

我出生在江苏历史文化名城扬州高邮，秦王嬴政于公元前 223 年在此筑高台、置邮亭，故名"高邮"，这是中国两千多个县级行政区中唯一以"邮"字命名的城市。我从出生到上大学之前，一直都与高邮邮电局比邻而居，后来去南京邮电学院（现南京邮电大学）读书，毕业后分配到邮电部设计院，再后来到国际电信联盟（ITU）工作，可谓与"邮电"渊源颇深。我在国际电信联盟工作了 30 余年，这也是中国通信业由小到大、由弱到强实现腾飞的 30 年。近年来，中国邮政业取得了历史性成就，建成了世界上最为通达、最为普惠、规模最大、受益人数最多的邮政快递网络，成为坚定不移深化供给侧结构性改革的动力源和稳定器。

2022 年，第 53 届世界邮政日的主题是"邮政守护地球家园"，邮政正发挥着前所未有的引领作用，依托基本服务，改善百姓日常生活，为全人类开创一个更繁荣、更可持续的未来。在全球一体化的背景下，中国向国际电信联盟提供了很多先进的技术方案，贡献了中国智慧，尤其是在建设网络强国、数字中国方面，有着非常重要的成功经验。在罗马尼亚召开的国际电信联盟 2022 年全权代表大会上，中国连任国际电信联盟理事国，中国专家顺利当选无线电规则委员会委员，这充分证明了国际电信联盟对中国贡献的认可。在我日内瓦办公室的一面墙上，挂着一幅中匡书法："厚爱中华常报国　麟行异域更思乡"。这副楹联是高邮一位著名书法家精心创作、精心书写的名字嵌头对联，构思精巧，立意高远。我很喜欢，带到日内瓦后一直将它挂在办公室中。

令人欣喜的是，中国邮政业和通信业已经是全球产业界举足轻重的重要力量，中国正阔步走向世界。中国邮政业的迅速发展离不开代代薪火相传，邮政文化知识教育与科普是邮政走好新时代"人民邮政为人民"高质量发展之路的动力，任重而道远。

如今呈现在读者面前的是，以南京邮电大学叶美兰教授为首的科研团队，历经三年多的时间，辛勤耕耘、数易其稿，打磨创作出的《漫话中国邮政文化史》。此书是一部关于邮政文化史的通俗科普著作，用形象的漫画和生动的文字内容再现了中国邮政从古至今的发展之路，为读者了解邮政文化、认识邮政文化，为宣传邮政文化提供了宝贵借鉴，为助力邮政教育事业贡献了积极力量。

《漫话中国邮政文化史》以时为经、以事为纬，抓住邮政发展历程这根主轴，巧妙地运用故事性情节，结合现实，展现中国古代邮驿制度奠基、形成、繁荣的演进嬗变。譬如，书中用"最早的 EMS"形容"鸿雁传书"，通过传神的图像勾勒，让读者熟知这一传奇故事，进而理解我国邮政徽志中的鸿雁形象。在叙述近现代邮政的变迁时，作者穿插了一个个小故事加以点缀，比如，以海娃"十万火急鸡毛信"，展现了抗日战争时期中国共产党领导下"忠贞不渝，使命必达"的战邮精神，融思想性、教育性与可读性于一体，凸显了中国邮政业的时代特点、文化特点与民族特点。

科普漫画作品创作看似容易，实则难乎其难。因为面对着普罗大众，尤其是广大青少年群体，作者需要心中牵挂读者，笔下想着大众，尽可能把邮政文化史介绍给更多的受众，用通俗的语言、贴切的漫画呈现复杂难懂的邮政知识、技术。在叶美兰教授团队的不懈努力下，《漫话中国邮政文化史》一书真正地做到了图文并茂、深入浅出、通俗易懂，为社会大众了解邮政、走近邮政搭建了知识渠道。

我衷心希望这本书可以满足广大读者对邮政知识的需求，帮助青少年树立正确的世界观、人生观、历史观，发扬中国邮政"情系万家，信达天下"之精神。是为序。

自序

叶美兰　南京邮电大学校长

人类从诞生伊始，便希望与他人关联、与世界连接，而邮政正是人们彼此产生联系的重要载体。中国邮政发展的历史和中华文明史同频共振，邮政文化依托中华文明进步而赓续绵延，是灿若星河的中国文化史的重要分支，中国文化史又因邮政文化史的加入而更绚烂璀璨。

中国邮政发展至今，已经架构起完善丰富的知识体系，涌现出诸多脍炙人口的经典篇章。从远古时代"以物示意"之后出现的殷墟甲骨、商周铜鼎、烽火台、声光通信、置邮传命、秦邮律、丝绸之路、鸿雁传书、木牍家书、青鸟传信、鱼传尺素、竹报平安、驿站邮亭、急递铺，以及汉朝印信和宋朝金牌等珍贵文物，既有传说，又有史实可考；众多史籍记载着中国邮驿发展的历史，描绘了中国古老通信文明。如何将邮政知识用当代青少年喜闻乐见的方式传授给他们，成为摆在邮政研究者面前的一个重大命题。

2016年5月，习近平总书记曾在全国科技创新大会、两院院士大会、中国科协第九次全国代表大会上提出："科技创新、科学普及是实现创新发展的两翼，要把科学普及放在与科技创新同等重要的位置……把普及科学知识、弘扬科学精神、传播科学思想、倡导科学方法作为义不容辞的责任，在全社会推动形成讲科学、爱科学、学科学、用科学的良好氛围，使蕴藏在亿万人民中间的创新智慧充分释放、创新力量充分涌流。"我国是全世界第一个颁布科普法的国家，《中华人民共和国科学技术普及法》第三章第十三条明确规定："科普是全社会的共同任务。社会各界都应当组织参加各类科普活动。"作为高校教师，推进科普工作责无旁贷。

我和团队成员多年来致力于中国邮政文化史和中国通信技术史的研究，形成大量

研究成果，并于 2021 年成功获批国家社科基金重大项目"中国近代邮政史料整理与研究"。如何将邮政文化传播给更大受众群体，尤其是青少年群体，成为一直萦绕我们心头的重大课题。曾经，连环画是青少年群体了解中国古典四大名著、抗日英雄故事的重要载体。如今，各种新兴漫画成为孩子们的新宠。从 2020 年开始，我和团队成员开始筹划《漫话中国邮政文化史》科普绘本的创作工作，试图用漫画的方式来普及邮政知识。

经过三年多的细致打磨，我们今天终于有机会将《漫话中国邮政文化史》这本书呈现给读者们。在具体创作的过程中，我们有如下考虑，依靠文字语言（verbal）和视觉漫画（visual）的相互关系来共同叙述故事情节，将原本严肃而艰深的邮政知识用漫画的叙事体系进行表达，书中的绘画与文本形成"互文"。全书文字几易其稿，我们尝试用幽默诙谐的语言风格统领全篇。绘画同样成为重要的叙事载体，成为推动故事进展的重要元素。

这本书整体建构起层次分明的叙事结构，每卷的主要内容由三个层次构成。首先是时间轴，采用纵向维度提炼出邮政发展的重大历史事件，梳理邮政文化史的发展脉络。其次是关键概念，通过横向维度展示特定年代邮政发展过程中的重要技术和典型文化符号。最后是小故事，正如中国古老的围棋棋盘，经由纵轴特定的历史文化和社会结构背景，以及横轴也即其间典型的邮政文化元素，纵横交织，彼此建构，演绎出诸多耳熟能详却又意义隽永的邮政故事。我们精选出发生于其中的经典故事，展示邮政文化发展历程中的典型案例，同时又在故事讲述中传递特定的相关知识，给予读者充分的开放性和内联的解读性。

科普工作面向未来，同样需要突出价值引领。作为当代的高等教育工作者，启迪青年一代肩负起民族复兴大任更是责无旁贷。中国邮政文化史的演进折射出中华文明五千年的璀璨篇章，蕴含着东方鸿著博大精深的睿语哲思，邮政文化史映射出的爱国精神源远流长。当今世界正经历百年未有之大变局，我们也尝试将价值引领元素巧妙融入邮政文化妙趣横生的故事情节，在潜移默化中厚植青少年读者的家国情怀，让爱国、创新、求实、奉献、协同、育人的科学家精神引领青少年的价值观塑造，真正耕耘创新沃土。

目录

先秦时期

邮驿规模初具

先秦邮驿

因军事、政治的需要，随着社会的发展，专为官府传递公文的中国邮驿形成了。

"辇"是先秦时期邮驿传递的主要工具，傅玄子曰"夏名辇曰余车"，殷时称胡奴车，到周时称辎车，但是不知什么朝代去掉了车轮。

"符"是先秦时期通信、核验身份的主要凭证，多以金、玉、竹、木等制成，上面刻写文字，分为两半，使用时将两半相合以验证，这就是"合符"。

公元前22世纪左右

★禹开山修路、治理河道，加强了地方与中央的联系，交通通信开始有了坚实的基础。

夏朝

★夏朝（约公元前2070年—约公元前1600年）重视交通管理。道路畅通是统治者命令迅速有效下达的条件。每年春三月，宣令官——"遒人"手执木铎，在各交通要道宣布政府的命令消息。

商朝

★商朝时期（约公元前1600年—约公元前1046年），统治者实施通信传递制度，以此来掌握全国的政治、军事、经济等情况。

★据考古发掘，商都城内城外有11条宽广大道，交错纵横，有结实的石板马道专供车马行驶，甚至可以直登城墙。

周朝

★周朝（公元前1046年—公元前256年）的军事通信方式以烽火为主，烽烟是让各路诸侯派兵前来救援的信号。

★西周时已经有了比较完整的邮驿制度，并有一整套自上而下的邮驿通信职官系统。驿道沿途设置休息站。

春秋

★春秋时期（公元前770年—公元前476年），出现了单骑通信和接力传递，这是邮驿制度发展的重要标志，也是邮驿制度史上的一次重大变化。

战国

★战国时期（公元前475年—公元前221年），形成"良马固车，五十里而一置"的邮驿体系。战国邮驿有了递、驿、徒三种形式，递用车，驿用马，徒为步传。因邮传之人往来频繁，路上还设有馆驿、传舍、驿站。

开工！

邮驿知识点

符节是驿路通行的凭证。"符"指符信，是通信的信物，即通行的凭证。"节"则用来证明身份，供使者、商人在路途中使用，是古时由帝王或官方颁发的用于水陆交通的凭证。

为了人们沿途食宿方便，商王朝在通衢大道的沿线设立了许多投宿、休息之处，这是商朝**驿站制度的雏形。**

西周的驿道上沿途设置了休息站，叫作**"委""馆""市"**，除了供行人饮食、住宿之外，还提供交通工具。

中国的通信系统从西周开始完善，形成以下两种通信方式：

一种是有声有光的**通信方式**，如烽火通信；

另一种是**邮传通信**，如步行或驾车。

周朝将**烽火**作为军事通信的方式。

烽烟是让各路诸侯派兵前来救援的信号。

春秋时期郑国子产的"**乘遽**"是有关单骑快马通信的最早记载，单骑"**遽**"也是当时邮传速度最快的通信方式。

战国时期，驿道上出现过一种叫作"**封传**"的凭证，这是在邮驿大道上行驶时的通关凭证，后来发展为"**驿券**"。凭借驿券，可以乘用驿站车马、使用夫役。

战国时期，各诸侯国为了来往方便，建立了邮驿网，修建了许多用于驿传的通道——"**午道**"。

★烽火戏诸侯——通信基本靠"眼"

杜甫诗云：

"烽火连三月，家书抵万金。"

烽火是古代战争中用于军事的重要通信方式。

如今在祖国大地上巍然屹立的长城，
其上的烽火台便是曾经用于点火放烟、传递重要消息的高台，
是抵御外敌入侵的军事防御设施。

烽

烽火的使用可以追溯到周朝时期。

周朝的军事通信方式以点烽火为主。

西周用烽火台传递紧急军事情报，这是当时比较先进的定制。

如今谈到烽火，

"烽火戏诸侯"的故事和**周幽王**昏君的形象已经众所周知。

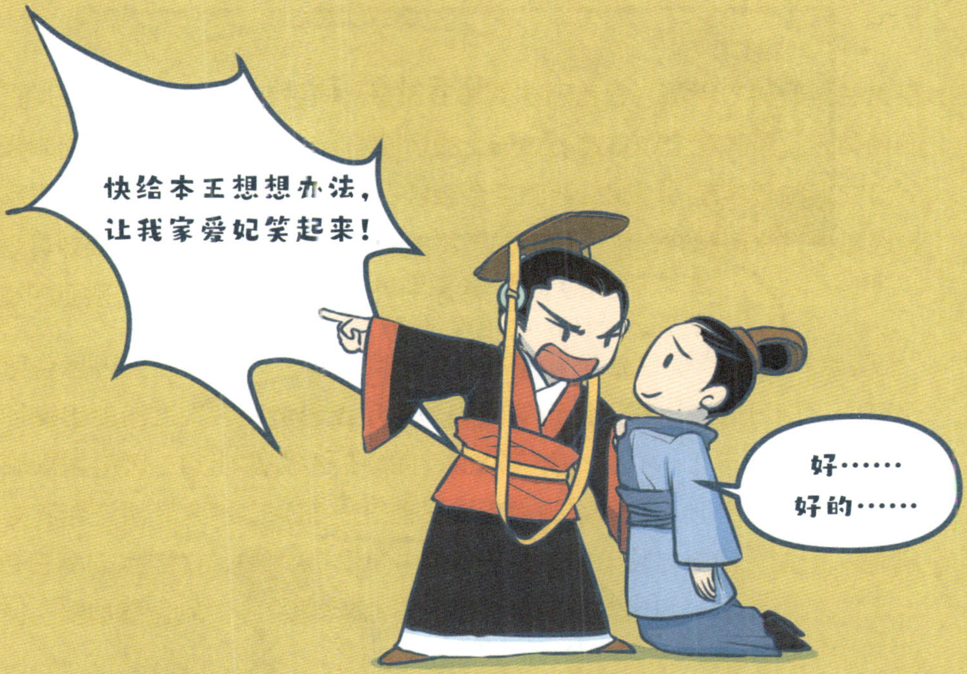
快给本王想想办法，
让我家爱妃笑起来！
好……
好的……

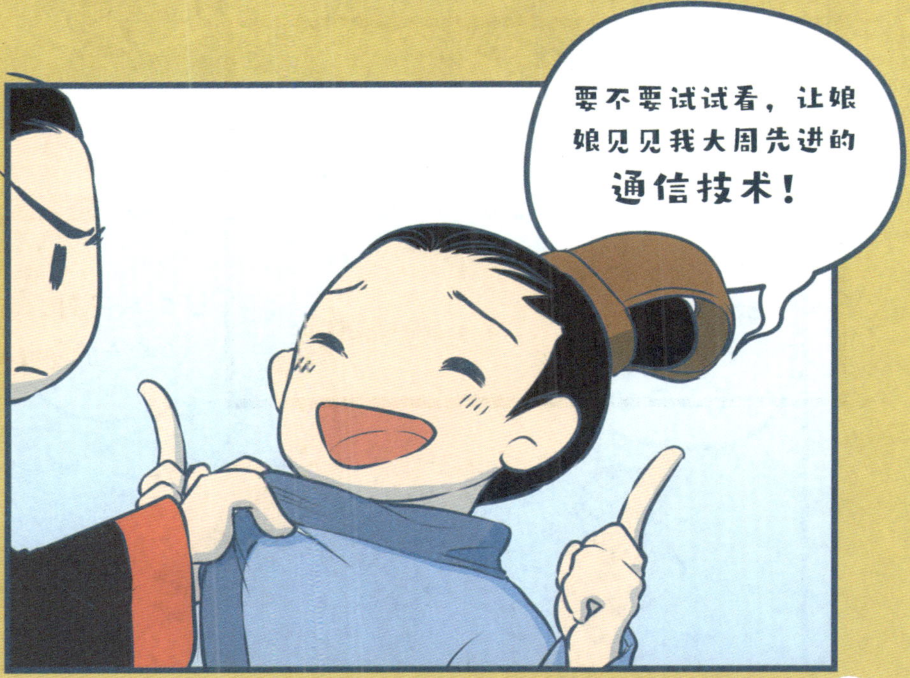
要不要试试看，让娘
娘见见我大周先进的
通信技术！

这有什么好看的？

之前请来的杂耍班子都太低端了，咱们这次搞个大阵仗，娘娘一定开心！

这也能让娘娘看到您的天子之威，能随意将各方诸侯呼来喝去……

黑点子公司

虢石父

您觉得好就好，请付一下账单：一千两黄金。

这个点子好，就这么办！

爱妃，你看，这就是最先进的通信技术——
在这儿放把火，百里之外的诸侯们就能知道我发了消息让他们“速来，速来！”。
不信，骗人，假的。
来人啊，给我点火！
我们前来救援啦！

居然耍我们！生气！

走了！

真好笑，
这样就被骗了，
一群人白白跑了一趟，

简直太傻了！

哈哈哈哈！

噢！噢！噢！
爱妃笑起来果然明艳动人！

给我再来一遍！

这样反复几次之后……

5 年后……

报！
有狼烟！

切！
又来耍我们玩儿，
才不信呢……

西周灭亡

史学界对"烽火戏诸侯"故事存疑，认为《史记》所载只是"小说家言"，近现代历史学家、国学大师钱穆曾评述这是"秦汉街头巷隅之言"。清华简的内容部分地印证了故事的不合理性。有学者提出，"烽火戏诸侯"并不真实存在，也不是西周灭亡的导火索。

"烽火戏诸侯"在历史上的真实性虽然有待论证，但是故事表明烽火传信是中国古代行之有效的通信方式，烽烟是让各路诸侯派兵前来救援的信号。中国从西周到汉朝都使用这种方法通信。

★弦高犒师——爱国商人巧传军情

公元前 626 年春，郑文公去世后，庶子公子兰继位。

正当郑国全国办丧事时，秦国准备偷袭郑国。

某天，郑国商人弦高带着十几头牛准备"出差"，

路上无意中发现了形迹诡异的秦军。

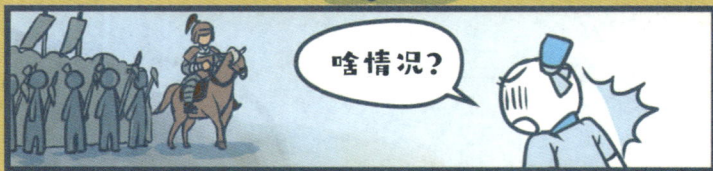

弦高想：秦军这个时候带着军队来郑国，这是要偷袭啊！

弦高正准备派人传递消息回国都时，

不慎被秦军的巡逻兵发现，被抓去见秦军主将。

就……
好慌……

只好使用必杀技了！

来到秦将营中，弦高瞬间演技在线：

……

口若悬河　　舌灿莲花

滔滔不绝

恭候将军多时，我乃郑国派来的使臣，国君命我在这儿等待您的到来。这是一些见面礼，一点心意，不成敬意！

弦高将"出差"带的家当——4张牛皮和12头牛送给了秦将。

怀疑……

看我一脸的真诚

你们怎么看？

早有准备！

有诈！

不可轻视！

撒！

秦将见弦高非常镇定，
以为郑国已有准备，便不敢偷袭。

郑国

邮传车

边境

通风报信

稳住秦军后，弦高急忙用边境上的邮传车向郑国
国都送去军情，请国君制定计策。

搞偷袭？
也太不讲
究了啊！

郑国国君获得了边防军情，
派遣正牌使臣到境外秦军驻扎处交涉，
指责秦军准备偷袭的不正当行为。

这个故事说明在春秋时期，
中原地区的通信效率高、速度快，
能及时准确地把边境的消息传递到国都。

给爱国商人弦高点赞！

★虎符———邮政信息如何加密？

在我国古代，为了保证君王能够准确地传达命令或调动军队，需要借助一种信物，以之作为凭证，这种信物被称为"兵符"。古人将虎尊为"百兽之王"，认为虎战无不胜，具有统摄百兽的威望，因此常将这种兵符铸刻成虎的形状，这也是"虎符"名称的由来。

虎符最早出现于春秋战国时期，是中国古代君王授予臣属兵权和调配军队的信物。虎符分为左右两半，右符留存于朝廷，左符发给统兵将帅或地方长官，左右两符设有子母扣用于相合，背面还刻有铭文。调兵遣将时，需要两半勘合验真，方可生效。

我国现存最早的虎符实物，是 1973 年在西安市南郊北沈家桥村出土的杜虎符。据考，这是公元前 475 年至公元前 221 年的战国时期的文物，称为秦朝错金杜虎符。虎符长 9.5 厘米，高 4.4 厘米，虎作行走状，象征军威和进军神速。虎符上有铭文 9 行 40 字，错金而成。据铭文可知，当用兵超过 50 人时，必须出示合符。但如遇烽火，不用合符，也可以用兵。此符现藏于陕西历史博物馆。

秦阳陵虎符为秦朝青铜器，是秦始皇颁发给阳陵守将使用的兵符，相传于山东省枣庄市临城出土，现藏于中国国家博物馆。

秦阳陵虎符长8.9厘米，宽2.1厘米，高3.4厘米，呈卧虎状，可中分为二。虎的左、右颈背各有相同的错金篆书铭文12字——"甲兵之符，右在皇帝，左在阳陵"，意为此兵符右半存皇帝处，左半存驻扎阳陵（今陕西省咸阳市东）的统兵将领处，调动军队时，由使臣持右半符验合，方能生效。

虎符在古代战争中发挥了重要的作用，历史上也发生了很多与其相关的故事。

公元前 257 年，秦军进攻赵国，
兵临邯郸城下——

面无表情
战争机器

兄弟救我！

在线求救，
急等……

别怕！

我带十万大军
来……

我叫十万

我叫大军

秦王之威

嗯？

再给你一次机会，想清楚再说！

来……路过一下……

瞬间退缩

不要走！

忘了我吧……

魏国与赵国唇亡齿寒，赵国如灭亡，魏国难自保——此乃大义！

赵国平原君赵胜是我朋友——此乃朋友之义！

赵胜之妻是我亲姐——此乃情义！

必须救！

信我！等我！

义薄云天

魏国信陵君
魏无忌

于是，

魏无忌找到了魏王最宠爱的妃子帮忙……

如姬，如姬，
随我心意……

魏王的爱妃
如姬

如此如此，
这般这般……

嗯嗯……

没有感情的
"道具人"一个

过程不重要……
魏无忌就这样通过如姬顺利拿到了
魏王掌握的那一半虎符……

魏王虎符在此！
（偷来的……）
众将士听令于我！

虎符合并，如同王命！

只认符不认人，
你说干啥就干啥！

好绝望……

别怕！
我带魏国大军
来救你啦！

异父异母的
"亲兄弟"啊！

感人！

就这样，
魏国与楚国联手解了此次邯郸之围。

魏无忌，我亲弟，
你说我能咋办？
能咋办？！

魏王
很无奈

加密技术哪家强，
虎符就是这么狂。

在历史上，虎符的形状、数量、刻铭以及体现的尊卑关系发生了许多变化。从汉朝至隋朝，虎符均为铜质，骑缝刻铭以右为尊。隋朝时改为麟符。而到了唐朝，唐高祖为避其祖李虎的名讳，改用鱼符或兔符，后来又改用龟符。南宋时，恢复使用虎符。到了后世，它逐渐演变成令牌等物，于是这种动物形状的兵符最终退出了历史舞台。

秦汉时期

邮驿方兴未艾

秦汉邮驿

秦始皇统一六国后，立即制定邮驿法令，并且建驰道，开河渠，车同轨，书同文，还规定十里设亭，其中有士兵和兵器，除供邮人停歇外，还承担稽查责任，使邮驿得到发展。

汉朝邮驿制度比秦朝有更大的发展，通信网庞大而完整。邮驿机构分为邮、传、亭、驿，驿邮分流。邮驿管理承袭周制，在中央由太仆掌舆马邮驿事务。信件文书传递方式分为步递、马递、车递、船递，具体细分为以邮行、以次行、以亭行、亭次行、隧次行、马驰行、轻足行。烽火通信空前发达，信息传递准确、及时。

秦朝

★秦始皇在开创全国统一的邮驿制度方面，有不世之功。秦朝（公元前 221 年—公元前 206 年）制定了一系列严格的邮驿制度，《秦邮律》是全世界范围内最早的有关邮驿的法规。

公元前212 年

★名将蒙恬指挥 10 万工人修建直道，连接关中平原与河套地区。此外，还在南方修建到两广和西南的新道。此时的秦朝的邮驿干线贯通东西南北，形成了纵横交错的交通网。

公元前210 年

★秦始皇在第五次出巡时驾崩，载着遗体的棺椁从河北井陉驿站古道进入九原（今天的内蒙古自治区包头市附近），经直道抵达咸阳。

汉朝

★汉朝（公元前206年—公元220年）对邮驿系统实行州、郡、县三级管理制。

★两汉时期的邮驿制度完备而严密。为加强管理和追溯责任,邮亭驿站往来的公文书信都要在"邮书簿"上登记。

公元前196年

★刘邦平定异姓王英布的叛乱时,就利用了英布手下将领贲赫乘传到长安及时递送情报。

公元前138年

★汉武帝开辟西域通道之后,在敦煌至玉门关外通往域外的大道上修建了驿燧亭障（玉门关以东置驿站,玉门关以西列亭障）。

公元前129年

★元光六年,汉武帝遣司马相如通邛都,置一都尉、十余县,西南夷始置邮亭。

邮驿知识点

从秦开始，"邮"成了通信系统的专有名词。当时，"邮"负责长途公文书信的传递任务，近距离的公文书信传递另有"步传"。

邮路沿途驿站、离宫、馆舍和军事设施遍布，有供邮差休憩、饮食和住宿的固定场所，称为"邮"或"亭"。

秦时把"驿馆"称为"传舍"。

秦虎符是专为调兵遣将用的信物。

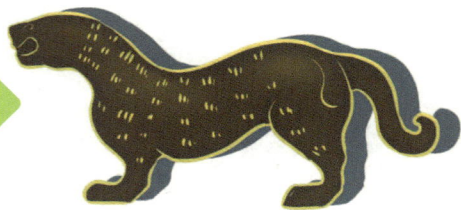

汉朝邮驿制度最大进步是邮驿分流，将"邮"和"驿"分开，管理细化。步行"递送文书"被称为"邮"，骑马"飞报机务"被称为"驿"。

汉朝的军事通信，通常是烽火通信和邮驿通信并举。

汉朝负责长途传递信件文书的机构称为"驿置"，后称为"驿站"，负责短途书信投递的机构称为"邮亭"。

前路有点儿长……

汉朝所有官职中，**卫尉**和邮驿传车的关系最直接。卫尉有属下官员"掌宫南阙门，凡吏民上章，四方贡献及征诣公车者"，称为"公车司马令"，主要负责接待用邮传车马征召而来的民间贤达士绅，因此又称为"公车上书"。晚清时期，康有为等人"公车上书"之名即源于此。

两汉官员享受"驾传"待遇，须有"节""传"作为凭证。

使用邮驿车马要有"传信"作为凭证。"传信"上标明持传之人的身份、用车马的理由、目的地以及"传信"发放机构和发放时间等。

汉初沿袭旧制，在紧急文书上插羽毛作为紧急标志，称为**羽书**，也被称作羽檄。

急

★羽书——为信件插上翅膀

汉高祖——刘邦

汉高祖刘邦即位后
变得多疑猜忌……

> 哼！
> 一个个的都想来
> 抢我的东西……

跟随刘邦一起打天下的一些英雄豪杰逐渐有了
反叛之心……

> 还能不能好好地
> 做朋友了……

汉高祖十年（公元前197年）七月，刘邦之父刘太公去世——

阳夏侯
陈豨

大写
的
心虚

不好意思，我有病，要治，就不去了。

四舍五入~
就不去！

同年九月，陈豨反叛，自立为代王。

就知道你要造反！

气坏我啦！

看我广发羽檄，
调动所有将领与士兵讨伐你！

没人响应……
这就比较尴尬了……

这可是
"号令天下，莫敢不从"
的羽檄啊……
囧……

那就只剩下邯郸一处的军队可以调用了……

不过……
不怕，我还有其他招儿！

疯狂收买陈豨麾下的将领！

看我的"钞"能力！

赢翻了！

羽檄是皇帝征召将士和传递军情的凭证。

羽檄是快马不分昼夜接力传递，

速度最快可达日行 500 里。

羽檄一出，即有战事。

汉乐府诗歌："边庭多警急，羽檄未曾闲。从军出陇阪，驱马度关山。"

晋乐府鼓吹曲："驿骑进羽檄，天下不遑居。姜维屡寇边，陇上为荒芜。"

诗歌唱出了羽檄纷纷的年代，也即战火纷飞、民不聊生的年代。

★鸿雁传书——最早的 EMS

汉朝与匈奴的关系时好时坏。

汉武帝时期，匈奴有意向汉朝求和，

于是，汉武帝就派苏武为外交官出使匈奴。

交给你一个光荣的任务！

好的！

等我的好消息！

俗话说：两国交战，不斩来使。

岂料……

就有点蒙……

金钱诱惑

高官厚禄

痛苦折磨

汉朝气度！

就这样，日复一日……苏武度过了漫长的岁月……

父王派过去的使臣苏武呢？

人呢？

新帝让我来问问！

死了——

真的

凉透了……

很可疑啊……

大哥不能这么不明不白地"被死亡"！

同朝为官
亲如兄弟
一同出使
一同被扣

外交官——常惠

第二次，汉朝派使者到匈奴去。常惠用尽一切办法见到了汉朝使者……

这些人太坏了！

＃￥％……＆＊！ ＠＃￥＠！ ＠￥％％……

一定要救出自家兄弟！

我有一计！

第二天——

你怎么能欺骗我大汉！

态度问题！你们得想好了！

有一天，我们皇上在上林苑里射猎，

射下一只大雁，大雁的脚上系着一条绸子，

那是苏武写给皇上的一封信！

信！

我！苏武，北海放羊中，速救！

大雁能带信，这是天意，你们这是在欺骗天意啊！

你这是什么意思？！

被识破……

好尴尬……
咋整？

苏武如此忠心，都感动了飞鸟，难道我们还不如大雁吗？

我认错，我道歉，苏武还你们……

就这样……
我终于回家了……

40岁时出趟差，59岁时才回来……

至此，"鸿雁传书"成为流传千古的传奇故事。南北朝诗人庾信的《重别周尚书》诗云："唯有河边雁，秋来南向飞。"大雁作为一种候鸟，具有南北迁徙的动物本性，由此成为老百姓心目中传递书信的理想使者。如今，邮递员被比作鸿雁，我国邮政的徽志设计中也融入了鸿雁的形象。

中国邮政
CHINA POST

★鲤鱼传书——东汉时期的"信封汤"

古代信函有鱼书、尺鲤、鲤素、素鲤、鱼素、鱼缄、鱼信、鱼讯、鱼函、鱼封、文鳞、鳞素、锦鲤、锦素、锦鳞书等雅称。唐朝诗人李商隐在《寄令狐郎中》一诗中写道："嵩云秦树久离居，双鲤迢迢一纸书。"为什么书信会和鱼产生关联呢？原来，这与"鲤鱼传书"的典故有关。

在东汉蔡伦改进造纸术之前，并没有现在的信封，古人将写着书信的竹简、木牍或尺素夹在两块木板中，而这两块木板被刻成鲤鱼的形状，这是"鲤鱼传书"的来历之一。

东汉末年流传着这样一个故事——

老汉，有人托我给你带了两条鱼。

多谢，多谢！

有劳，有劳！

热心邻居

这是谁送的呀？

你一吃便知！

这"信封汤"味道真不错啊！

人生小确幸 ♥

还能激发创作灵感！

饮马长城窟行

客从远方来，遗我双鲤鱼。

呼儿烹鲤鱼，中有尺素书。

长跪读素书，书中竟何如。

上有加飧食，下有长相忆。

——乐府古诗，传为东汉蔡邕所作，此为节选。

这个故事说明了当时通信的诸多不便。百姓几乎没有专门的通信途径，所以只能幻想天上的飞鸟、水里的游鱼帮他们传递书信，以解他们思念故乡、亲友之苦。

魏晋南北朝时期

邮驿风起云涌

魏晋南北朝时期（220—589年），邮驿发展取得了较大的进步，为驿传夫马和过往旅客提供途中歇宿的"传"和"亭"逐渐统一，具有开创性意义，也是隋唐馆驿合一驿站制度的渊源。这一时期，中央与地方之间一般公文的传递，以及途中夫马歇息、食宿，皆由"驿"供应；与此同时，使驿官员、专使来往所需，也皆由"驿"承担。此时，出现了"追锋车""健步"和私邮，发展出了水驿，与西方的罗马、波斯有了交通和贸易来往，还有了中国邮驿史上第一部专门的法规——《邮驿令》。

三国时期

★三国时期（220—280年），吴国和魏国在交通上向西扩展，与邮驿之路西端的大秦有外交往来。

魏文帝时期

★220—226年魏文帝在位时，大臣陈群等人将之前朝代的《厩律》中与邮驿规章相关的内容编成《邮驿令》，这是中国邮驿史上第一部专门的法规。

西晋时期

★西晋（265—317年）实现国家统一之后，调整了曹魏法曹掌邮驿的制度，改由驾部或兵曹负责管理。

东晋时期

★东晋时期（317—420 年），司马王室南渡，改由法曹主管邮驿科程之事。

南北朝时期

★南北朝时期（420—589 年），私营客舍进一步发展，一些大官僚都办有"逆旅"。当时大臣们都建议朝廷向这些私营的逆旅征收重税。这说明当时私营旅店已成为一种普遍存在的产业。私营旅店的大量存在，反映了当时邮驿事业的兴盛。

北魏时期

★北魏时期（386—534 年），驿道纵横交错，丝绸之路往西直通西域，与波斯驿道相连。

邮驿知识点

"信幡" 是古代传递信息的重要工具。魏朝重视"幡"的意义，有青龙、朱雀、玄武、白虎、黄龙等五幡，以诏四方，诏东方郡国以青龙，南朱雀，西白虎，北玄武，朝廷畿甸则以黄龙，亦以麒麟信幡。

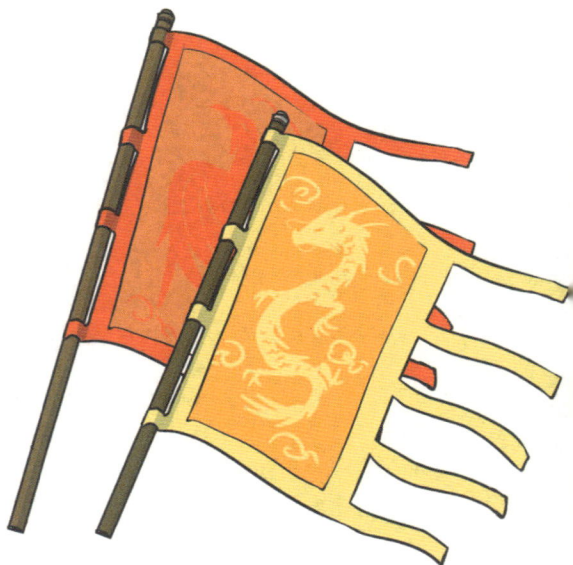

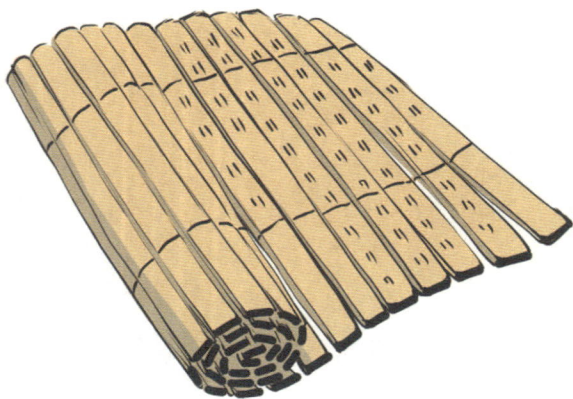

《邮驿令》是中国邮驿史上第一部专门的法规。

曹魏之时，仓慈被派到敦煌做太守。仓慈给外国商旅发放经河西走廊去洛阳的过关凭证——"**过所**"，并派专人护送，鼓励他们去中原经商。

西晋时期，古鄯善国（古楼兰）有些人被称为"**向导**"，他们专门从事**驿道服务工作**，接待各地往来的使节、商旅，并负责运送公文信件。

"**逆旅**"，是为非官方的客商以及私人旅客提供食宿的**私营旅店**。

★洪乔之误——不靠谱的信差

东晋时，殷洪乔被任命为某地太守——

哈哈哈，
终于熬出头了，

从此我就是"地方一霸"啦！
地方太守！

得知殷洪乔即将离开京城前去地方上任，
众人纷纷前来恭贺……

特来恭贺……

求带顺风信一封！

小意思！

别拿豆包不当干粮！我大小也是个官！

太让人生气啦！

刚出京城……
他就把这些信都投入水中。

你们是一群成熟的信了，
要学会自己找到"信生"的
方向与目标……

呵呵呵……

任务完成！

结果……

这些信都迷失在茫茫"信生"旅途之中……

从此——

带信的不可靠，叫作
"**洪乔之误**"。

捎信的收不到，叫作
"**洪乔捎信**"。

盼信一定送到，叫作
"**洪乔莫误**"。

中国邮政史上最不靠谱的
信差——一次重大邮差工作失误。

殷洪乔向水中投信的事引发
了公愤，后人把这事称作"洪乔
之误"，意为有个名叫洪乔的人
耽误了许多人的事，借此让世人
谴责言而无信之人。

言而无信！

隋唐时期

邮驿兴盛繁荣

隋唐时期（581—907 年），建立起了庞大的邮驿通信网络，通过驿取代了以往所有的"邮、传、亭"的形式，实行了驿传合一制度。这一时期还建立起了四通八达的邮驿交通系统，相当于现在的邮政网络。为了保障政治、经济和文化以及军事的需要，隋唐时期对邮驿的建设比之前任何一个朝代都更为重视。这一时期，驿铺置于驿道上，具备传递公文信件和招待过往官员、驿夫等人员的功能。驿站的数量猛增，驿传合一，标志着邮驿事业的成熟。大运河的开凿，进一步发展了水驿的作用，使得信息更迅速地传递。驿站的功能得以扩展，它成为当时社会生活中最重要的组成部分之一。信息的迅速传递使得隋唐时期经济和社会生活紧密地联系起来，极大地发展了社会的生产力。

隋朝

★隋朝（581—618 年）的邮驿机构称为驿传，隶属兵部。

605 年

★大业元年，开凿大运河通济渠段。大运河的开发使水驿像陆驿那样成为可以倚赖的信息传递方式。

613 年

★大业九年，隋炀帝再次远征高丽，集大军于涿郡，共有 113.38 万人，运输的人数约相当于军队人数的一倍多，总计约 340 万人，这些人的兵械和粮饷有不少是在水道上运输的。

唐朝 ★唐朝（618—907年）存在一个相当完备的邮驿系统，其邮驿机构隶属驾部。

686年 ★垂拱二年，武则天时期，为了能够更有效地传递信息，特别是让民间信息能够及时地向有关部门或中央机构反映，设立了一种叫"匦"（guǐ）的木箱，收受民间的各种来信。

开元年间 ★据《大唐六典》记载，唐朝开元年间（713—741年），共设驿1643个，其中陆驿1297个，水驿260个，水陆相兼的驿86个，从事邮驿工作的人员达2万余人。

777年 ★大历十二年，正式设立了"进奏院"，作为各州镇官员进京时的住所，主要在此处理紧急公文。进奏院成为中央与地方联系沟通的载体，作用重大。

元和年间 ★唐朝还建立了一套考核系统，用来监督各地的邮驿事务。据《唐会要》载，唐宪宗在位（806—820年）时，曾让各道观察使任命判官，到各州县考核邮驿事务，完成任务者有奖赏，有违法越轨行为者将受到惩罚。

邮驿知识点

隋唐时期的**驿站**不仅传递**公文和消息**，传送**贡品和其他物件**，同时还可以迎来送往各级**官员和使节**、为过往官员提供食宿，满足宴请和聚会、办公和更换车马等需求。

褒城驿，是唐朝中后期一座在汉中城西北方向的、当时天下最有名的、由朝廷直接管辖的驿馆，被文人孙樵称为"**天下第一驿**"。

马嵬驿，安史之乱中"马嵬之变"的发生地。

瓯，是一种匣子或小箱子，如瓯函、瓯匣，朝廷将其用于接受臣民的投书，类似于现在的**邮筒**或**意见箱**。

唐朝的军事通信方式有：**烽火、地听、露布**。

所谓地听，是指古代战争中用于侦测有声源目标方位的器材，是侦察敌方动态的一种方法，多用于守城，以防突然袭击。

所谓露布，是指没有封口的书信、公文。不封口的原因，大概是这种好消息，人们越早知道越好，知道的人越多越好。

唐朝的**民间通信**逐渐兴盛，私人的自由通信与之前的朝代相比有了极大的发展。

唐朝在**空中通信**方面也有所发展，主要依靠风筝、信鸽等方式。

唐朝时期，信息传递必须使用银牌、传符、纸券、转牒等 **"符券"**，这是官员、驿使使驿的凭证。

唐朝时，长安设有 **"四夷馆"**，负责接待各国驿使和政府官员。

★开凿隋唐大运河

——隋炀帝也算做了件好事

从先秦到南北朝，中国古代劳动人民开凿了大量运河。到了隋朝，隋炀帝动用百万百姓，疏浚了之前众多王朝修建的河道，开凿了隋唐大运河，极大地便利了当时的交通，也推动了隋唐水驿的发展，使水驿像陆驿那样成为可以依赖的信息传递方式。开凿大运河的原因，目前历史学界比较统一的看法有三点：一是巩固政权的需要，二是军事形势和斗争的需要，三是南北经济文化交流的结果。

隋朝开国皇帝
隋文帝——杨坚

朕的江山交给哪个儿子好呢？

愁

总觉得最近看太子不太顺眼……

父王，你看给这套铠甲再加个装饰是不是超好看？

要不要再加点金银点缀一下，让它更闪亮呢？！

隋太子——杨勇

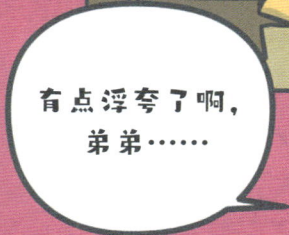

79

废太子！

你闪一边儿去，让你弟弟当太子吧！

谢谢父王的认可！
谢谢大家支持！
谢谢老天给机会！
谢谢来自四海八荒的鼎力相助！
我一定会
更加努力省钱的！

人生如戏，全靠演技！

骗你的！

隋文帝死后，
杨广继位，即隋炀帝。

没有人管，
真爽！

我摊牌啦！
我不装啦！

吃喝玩乐

样样精通！

耶！

朕的天下，
想怎么折腾就怎么折腾！

隋炀帝继位后不久便下令迁都洛阳。

旧宅住腻了，搬家！

世界那么大，我要去旅游！

花钱！疯狂花钱！可劲儿花钱！

隋炀帝下令修通大运河，开通水运。

顺便还能把江南的好吃的、好玩儿的运到北方来，想想就很开心！

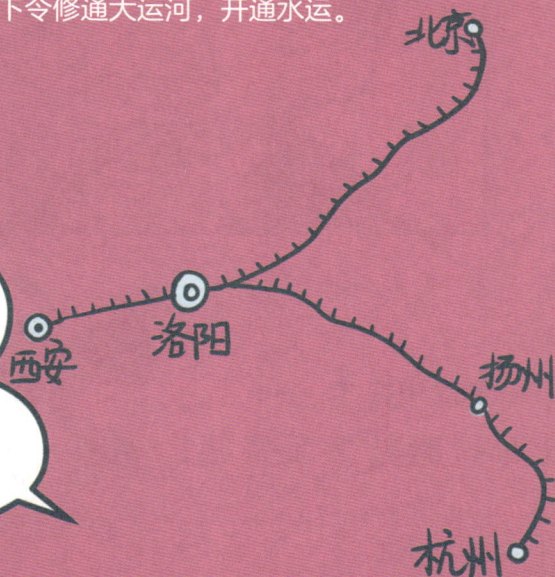

北京

洛阳

西安

扬州

杭州

但是——

国库告急

没钱了!

穷了!

民不聊生

不堪重负

账单

"败家"皇帝"成就"达成!

有一位唐朝诗人批驳了修大运河是亡国之举的传统观点，从历史的角度对隋炀帝的是非功过进行了评价。全诗立意新奇，议论精辟，不失为唐朝怀古诗中的佳品。

汴河怀古

万艘龙舸绿丝间，载到扬州尽不还。

应是天教开汴水，一千余里地无山。

尽道隋亡为此河，至今千里赖通波。

若无水殿龙舟事，共禹论功不较多。

——［唐］皮日休

也算做了件好事呢！

懂我！
兄弟！

有一句话叫作"前人种树，后人乘凉"。

虽然在当时开凿大运河使得人民不堪重负，但后人的感受和当时的人们却恰恰相反——

后人体会到的几乎都是大运河有利的一面。

首先，大运河在开凿之后的很长一段时间，都是南北交通的重要路线，在南北方文化的交流方面起到了重要作用。其次，它向全世界展现了中国古代人民的智慧、文化。

尽管开凿大运河在当时给人民带来了苦难，但是从历史的角度来看，它的开凿对于整个唐朝的兴盛起到了不可磨灭的作用。从这个角度来看，隋炀帝也算做了件好事哦！

★临洺之战——战争中的风筝传信

　　唐朝的空中通信主要是依靠风筝、信鸽等方式。风筝通信中最著名的一次发生于唐德宗建中二年（781 年），河北节度使田悦反叛朝廷，出兵围困临洺。临洺城守将张伾率军誓死不退，可田军来势凶猛，又久围不撤，很快临洺城内将士死伤惨重，粮食短缺。

今日——
是被困临洺城的第 100 天了……

临洺城守将
张伾

唉——

将士们上下一心，
死守城池，
誓死不退！

兄弟们不怕流血不怕累……

咕……

但……好饿啊……

围困至今，坚守城池滴水不漏，
敌人进不了城，咱也出不了城……
消息也传递不出去……

咋办？！

咋求援？！

风筝带着紧急文书飞过城墙，
飞得又高又远……

报告大人！
风筝太高，
用弓弩射不下来！

叛军
大将
田悦

岂有此理！

就这样——
驻扎在附近营地的马燧收到了随风筝
带出的临洺城告急文书。

救！

我军来援!

亲人啊!

之后,
赶来救援的马燧大军与城内张伾守军里应外合,
消灭了围困临洺城的田悦叛军!

这以后,风筝在一些特定的场合被用来传递信息。

风筝飞起来必须要有合适的风和提线的牵引,风的作用不可忽视。当风力适当时,再配合放风筝者适当的拉力以及技巧,风筝就能成功飞上天了。放风筝可以舒缓心情,但也要防止风筝线变成"隐形杀手"。不少风筝线非常结实耐磨,当风力很足时,风筝线紧绷得如同钢丝一般,如果不小心碰到行人或物品,容易造成误伤。所以,大家放风筝时,也要时刻看好风筝线哦。

宋元时期

邮驿演进嬗变

宋元是中国古代社会的转型期，宋元邮驿的演进嬗变各具特色。北宋的建立结束了五代十国的动荡局面，从根本上改变了唐末藩镇割据造成的各地邮驿分裂状态。

宋朝强化中央集权，继承和发展了较完备的隋唐邮驿体制，增加了枢密院对邮驿的监控职能，馆驿和递铺分立，驿卒改由兵卒担任，创立急脚递，使私书入递合法化等，形成了宋朝邮驿的鲜明特色。

元朝是第一个由少数民族建立的统一政权，邮驿建设规模庞大。元朝疆域辽阔，为适应其军事扩张，急递铺遍布全国，扭转了南宋三铺并立的混乱局面，这一举措在明清时期也沿用了下来。

宋朝

★宋朝（960—1279年）的驿建设有了重要革新和发展。其一，着手建立了一套包括急脚递在内的相对健全的递铺组织。其二，选择驿卒以兵卒为主体，实行军事化的严格交接责任制度。其三，突破了秦汉以来的传统规范，规定官员私书可以交驿传递，促进了邮驿的进一步发展。

961年

★北宋邮驿创建于太祖建隆二年，太宗时逐步完善，仁宗时有所发展。

1049年

★仁宗皇祐元年，"诏：马铺以昼夜行四百里，急脚递五百里"。

1127年

★宋高宗颁发恢复邮驿的诏令。

1128 年 ★金兵南下，宋高宗在逃亡中设立斥候铺、水斥候铺。

元朝 ★蒙古孛儿只斤·铁木真于 1206 年建大蒙古国，1271 年忽必烈改国号为元，1279 年灭南宋。

1219 年 ★成吉思汗率兵西征伊始，就仿照中原驿站，在通往西域的交通要道上开辟驿路。

1229 年 ★蒙古大汗窝阔台在蒙古地区普遍设立驿站，为其军事活动服务；把原有的分散驿路连接起来；颁布"大札撒"（中央法令），制定条例，管理驿站。

1264 年 ★元朝开国皇帝忽必烈改燕京为中都（后易名为大都）后，开始大规模开拓邮驿，沿袭了前朝优秀的邮驿制度，淘汰了落后的管理方式。当时元朝邮驿规模庞大，马匹众多，纵横中外，四通八达。

1351 年 ★元朝邮驿的繁荣是建立在残酷奴役和压迫各族劳动人民基础之上的。元朝中后期，驿站支离破碎，逐渐衰亡。至正十一年，在元朝统治力量相对薄弱的南方，大规模的农民起义风起云涌，元朝的邮驿制度也随之走向崩溃。

邮驿知识点

宋朝递铺分为步递、马递、急脚递 3 种，一般是每隔 10 里设一递铺，也有相隔 25 里设一递铺的。**元朝递铺**只设一种，即急递铺。

步递主要传送普通文书，还负责运送官员和官府物资。

马递就是骑马传递，主要用于重要文书的传递，速度比步递快，比急脚递慢。

急脚递属于专业的军邮，负责中央特别重要的文书的下达，以及地方紧急情报的上传。急脚递另设有金字牌急脚递，用来传送赦书及军机要务等文书，速度快于一般急脚递，日行 500 里。

宋朝初期，沿袭唐制，官员乘驿，须拿**驿券**，也就是乘驿的凭证。

通信檄牌，是宋朝时传递紧急公文的证件。

宋朝文书传送主要包括文书入递、文书封发、文书传递、文书交接。

斥候铺，是集瞭望、侦察与邮政功能于一体的半军事性质的急递通信组织。

摆铺，是因军事通信需要而临时设置的急脚递铺。

（宋朝政府规定，官员私书只准步递传送，禁止擅发急递，但实际上，大量私人书信都是交由急递铺传送的。）

宋朝军制，凡是军队驻扎之处200里以外的地方，都必须设置递铺，以便探报军情。

传信牌，宋真宗时期设置，用于军队行军作战时的传令和通信。

在传信牌传递的过程中，为了防止泄露机密，也为了书写简便，采用"字验"的方式。"**字验**"就是一套简便的军事通信密码。

★从物验到"字验"
——军事通信密码的升级

军事机密须避人耳目。

看啥看！

在古代军事通信中，保密的方法多种多样，除了使用阴符、阴书和蜡书等形式外，在传递内容上也设置了一些不易被敌方破译的符号，这实际上就是一种军事密码，称作隐语。

给你看
你也看不懂！

呵呵……

加密后

《武经总要》卷十五记载了一种被称作"字验"的隐语方式。

先将军中联络的有关事项分类编号，共40项，依次如下。

1. 请弓	2. 请箭	3. 请刀	4. 请甲	5. 请枪旗
6. 请锅幕	7. 请马	8. 请衣赐	9. 请粮料	10. 请草料
11. 请车牛	12. 请船	13. 请攻城守具	14. 请添兵	15. 请移营
16. 请进军	17. 请退军	18. 请固守	19. 未见贼	20. 见贼讫
21. 贼多	22. 贼少	23. 贼相敌	24. 贼添兵	25. 贼移营
26. 贼进兵	27. 贼退军	28. 贼固守	29. 围得贼城	30. 解围城
31. 被贼围	32. 贼围解	33. 战不胜	34. 战大胜	35. 战大捷
36. 将士投降	37. 将士叛	38. 士卒病	39. 都将病	40. 战小胜

对上述内容及其次序，
平时要求各将校熟记于心。

密码本

背书中

背

要背

要背

凡作战之前，主将与各统兵将领事先进行约定，双方以一首没有重复的字的五言律诗为"字验"。各统兵将领若有事报告，就随意写成一封书信，将要报告事项的次序对应该诗的第几个字，然后为普通书信中的某字加一记号即可。主将进行回复时，也如法炮制。

例如，

以杜甫的《春望》一诗为"字验"：

国破山河在，城春草木深。

感时花溅泪，恨别鸟惊心。

烽火连三月，家书抵万金。

白头搔更短，军欲不胜簪。

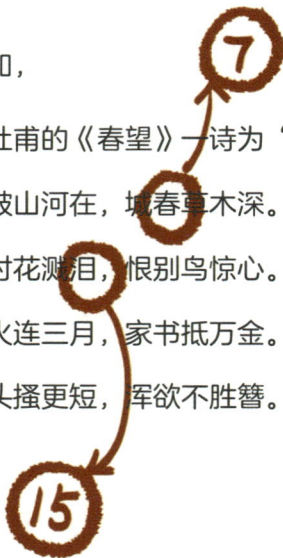

你知道主将想要传达什么信息吗？

⑦ + ⑮ = 22

答案："给你增派马匹，立即移营。"

"字验"小游戏

游戏 1：这份军情是什么意思呢？

春望

[唐]杜甫

国破山河在，城春草木深。

感时花溅泪，恨别鸟惊心。

烽火连三月，家书抵万金。

白头搔更短，浑欲不胜簪。

游戏 2：这份军情又是什么呢？

侍从游宿温泉宫作

[唐]李白

羽林十二将，罗列应星文。

霜仗悬秋月，霓旌卷夜云。

严更千户肃，清乐九天闻。

日出瞻佳气，葱葱绕圣君。

下学期要不要选修一门密码学呢？

游戏 2 答案：拖围，你来猜猜，有人被杀，士兵还生病了，好惨啊！

游戏 1 答案：叫子侄辈，打点准备！

★李飞雄诈乘驿马
——"坑爹"的假冒使臣

宋朝时有个"官二代"叫李飞雄，
他是秦州节度使判官的儿子。

我爹是李若愚

任性

为所欲为

作恶多端

地方一霸

嘿嘿嘿

太平兴国三年（978 年）三月初，

101

熊孩子到哪里都是熊孩子……

李飞雄就这样偷走了他岳父——县尉张商英的官马，
驾着官马冒充"巡边使臣"。

深夜，驿站门前——

驿

砰！砰！

砰！

快给本官换匹驿马！

哼！始乱终弃的负心汉！

官马出行，定是公事！

马缨：官马特有

就这样，李飞雄一路行骗……

"巡边队伍"逐渐壮大……

这样沿途行骗，竟然一路畅通——

县水清

直到四月到达
清水县时——

就这样像开国皇帝一样
拿下天下也不难嘛！
哈哈哈哈！

自我膨胀到顶点！

你们也跟着我混吧！

李飞雄准备故技重施时——

却被刘文裕、田仁朗等人识破

并捉拿归案。

这个事件的发生是因为当时监督机制不完善，

再加上李飞雄身为节度使之子，

熟知各个部门和地方的官场架构、人事及地方活动。

此事之后，宋朝驿站换制，

想在驿站换马，必须有枢密院下发的银牌，

这个制度一直沿用到北宋末年。

★信鸽——调兵遣将集结号

南宋
大将军
张浚

突击
检查

欢迎将军视察！

空空荡荡

军营

麾下小将——曲端

军队呢？！

第一军，到！

不信治不了你！

我要视察全军！
立刻！
马上！

得令！

公元前 3000 年，喜欢驯养小动物的古埃及人发现，无论把鸽子带离多远，它们总能飞回家。于是，古埃及人就开始利用信鸽传信，这大概就是飞鸽传书的起源。

谁都不能阻止我回家的脚步！

要说汉字里关于把信鸽用于军事领域的最早记载，就要提到晋末的五胡十六国时期由匈奴铁弗部族人赫连勃勃建立的大夏政权（407—431 年），其军队里有专人负责饲养军用信鸽，利用信鸽来传递军用情报。当时匈奴有规定，捕杀或食用军用信鸽，是要被治重罪的。

匈奴人利用信鸽传递军情，是因为鸽子天生有归巢能力。

回家！回家！

收信随缘！

信鸽传书是利用鸽子的归巢本能来实现的。在这个故事中，鸽子的确是传递了信号，但这信号也就跟"一声炮响""烽火传信"之类的效果差不多，无法做到点对点准确传信。古代传递军情，更靠谱的还是烽火与驿站，信鸽的作用并不大。

★宋水斥候铺

——水上通信系统的开发

靖康二年（1127年）五月初一，金兵俘宋徽、钦二宗北去后，赵构在南京应天府（今天的河南商丘）即位，改元建炎，成为南宋第一位皇帝。

但皇帝之位还没坐稳……

报！
金兵打过来啦！

快逃！！！

建炎元年到建炎四年（1127—1130 年）期间，宋高宗不是在逃亡的路上，就是在准备逃亡的路上……

杭州

给我搞斥候铺，打探消息！

宋高宗一路逃亡到杭州，下令沿途设立斥候铺，负责传递军情。

江宁

搞水上通信！

宋高宗在逃亡到江宁（今天的江苏南京）后，下令配置小船和水手两名，继续传递军情。

真有点寒酸……

宋高宗逃亡到定海（今天的浙江舟山）后，只能在海上漂泊，他又下令建立水上通信系统——水斥候铺。

搞水上通信系统！

定海

总之，宋高宗逃到哪里，通信网络就设到哪里，这种流亡逃跑的状态，使通信网络濒临破败。

好像……
玩儿砸了……

不过，就是在这样混乱的局面下，宋朝建立了水上通信系统——水驿候铺。

★十二道金字牌

——十年之力，毁于一旦

宋真宗赵恒
998—1022 年在位

急脚递，搞起来！

日行 400 里，通信无忧！

金字牌＋急脚递，通信升级！

日行 500 里，让信息传递更快速！

宋神宗赵顼
1068—1085 年在位

金字牌！！

军机要务快速传递系统，
可使我大宋发展兴盛一万年！

老祖宗，
你们想太多了······

宋高宗赵构

我要用它做一件名垂青史（遗臭万年）的大事！

一日连发十二道金字牌！

任性！

南宋绍兴十一年（1141 年），就在抗金战争即将迎来辉煌胜利的前夕，岳飞带兵乘胜追击之时……

回

速回

令

退兵?!

快快回

令

啥?!

立马回!!

却被十二道金字牌催促立刻退兵！

十年之力，
毁于一旦！

我大宋百年之业
也被这浑小子毁于一旦！

    金字牌急脚递本用于快速传达军机要务，使得前线的重要军事可以得到快速处理，效率会更高，但在宋高宗时期，它却成为奸臣秦桧迫害忠臣岳飞的一道道催命符，使得岳飞的北伐功亏一篑。前功尽弃不说，岳飞被召回后没多久，更是被宋高宗和秦桧二人迫害致死！

丢人！

跪上几辈子
也赎不清的罪孽……

千古罪人

而十二道金字牌也成为这段千古奇冤中
一个不光彩的符号。

我好冤啊……

明清时期

邮驿改革发展

朱元璋建立明朝后，视驿递"通传天下，海内血脉"，大力整顿驿传，同时也注意体恤民情，避免驿传劳役过重，妨碍民生，从正驿名、开驿路、恤邮传、定驿制、严驿令、惩驿贪等诸多方面着手建设，为明朝的邮驿发展打下了良好的基础。

明宣德、成化年间，政府进一步开拓边疆邮驿，完善和发展了邮驿的模式，在东北奴尔干地区、西藏地区、东南海疆都加强了驿路建设，设立了对外经济往来的驿所，使明朝的邮驿网络几近通达全国。

驿路交通的畅达，有力地促进了内地与边疆的经济交流，也促进了民族的交流和发展。这一时期，民间自发经营的通信组织——民信局也悄然兴起，进一步促进了明朝邮驿事业的发展。

明朝

★明朝（1368—1644年）建立后，朱元璋下令整顿驿站，颁布邮驿律令并不断完善。

1368年

★洪武元年，朱元璋颁布诏令，在全国范围内设置水马驿站、递运所、急递铺，负责运送使客、飞报军务、转运军需等事务。

1384年

★洪武十七年，朱元璋令各府、州、县修治驿路，广开驿道。

永乐年间

★ 1403—1424 年间，边疆邮驿有了进一步的拓展，在东北黑龙江、乌苏里江、松花江流域等地，先后建有 45 处驿站。在西藏地区，明朝政府也积极实施了驿路修建。

1406 年

★ 永乐四年，明成祖下诏迁都北京，翌年在元大都的基础上进行扩建，永乐十八年（1420 年）建成，于是全国驿道中心改为北京。

正德嘉靖年间

★ 1506—1566 年，明朝政治渐趋腐败，邮驿制度也日益滋生诸多弊端，乘驿滥用、驿赋沉重和驿差劳苦是主要问题。

万历年间

★ 1573—1620 年间，内阁首辅张居正着手进行驿传改革。

崇祯年间

★ 1628—1644 年间，明朝政府改革图治，开始大幅度裁撤驿站、驿递冗卒，进而裁减驿传经费，转作军事开销，明朝邮驿自此逐渐发生蜕变，民间自发经营的通信组织——民信局大力发展起来。

清朝

★ 1644 年, 清王朝建立。清朝以前,"邮"负责传递公文,"驿"负责提供交通工具和食宿。清朝邮驿制度经历了重要改革, 其最大的特点是"邮"和"驿"的合并。

康熙乾隆年间

★康熙乾隆年间(1662—1795 年), 其邮驿发展达到了鼎盛。

1727 年

★雍正五年, 设立驻藏大臣之时, 重新恢复了朝廷中央与西藏地方之间公文递送的驿站。

1729 年

★雍正七年, 因用兵西北而设立军机房, 后改为军机处。军机处可以直接向下发放皇帝的上谕或诏令。这些重要文书上通常会有"马上飞递"的字样, 表明其为急递文书。

1755 年

★乾隆二十年, 清政府将驿站财权由驿丞收归州县, 同时大量裁撤驿丞以减少国家财政开支, 并形成了州县官兼管驿站、佐杂官移驻兼管驿站和驿丞专管驿站等 3 种驿站管理模式。

嘉庆年间 ★嘉庆年间（1796—1820年），清朝邮驿呈现出日渐衰落的景象。

1834 年 ★道光十四年，英国驻华商务监督律劳卑在广州为外商设立了一个收信所，这是中国最早出现的"客邮"。

1853 年 ★咸丰三年，太平天国农民政权定都南京，推行了一系列新的驿递制度。

1859 年 ★咸丰九年，洪仁玕所撰的《资政新篇》刊行，其中对邮政通信建设提出了具体设想和规划。

1866 年 ★同治五年，清朝政府委托海关总税务司罗伯特·赫德在海关办理朝廷与外国驻华使馆的往来信件寄递，随后经历了海关兼办邮递和试办邮政两个阶段的实践。

1875 年

★光绪元年，总理衙门设立文报局，负责朝廷和海外使臣间往来公文的发送。

1877 年

★光绪三年，在洋务派的推动下，自台湾南部旗后港（今高雄）至鸡笼港（今基隆）的电报线建成竣工，这是中国自建成功的第一条电报线。

1896 年

★光绪二十二年，光绪皇帝正式批准成立了大清邮政官局，中国近代邮政由此诞生。1906 年，清朝政府设立邮传部，设邮政局专责管理邮政事务。

1897 年

★此时民信局已经初步连接起一个全国性的通信网络，并将触角伸至海外，邮政官局为推行国营开始打击民信局。

1911 年

★宣统三年，邮传部全部接管全国邮政事务，从此邮政脱离海关，邮政总局成立。直到清王朝覆灭，中华民国政府新成立的中华邮政对大清邮政进行了全面接管。

邮驿知识点

明朝邮驿三大机构：急递铺、水马驿、递运所。

递运所，是专门运送军需物资、上贡物品的运输组织，独立于一般的急递铺和水马驿站之外。

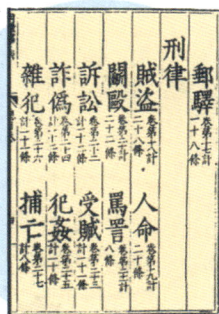

明朝初年，用驿皆需"**符验**"，这一**邮驿信物制度**为明太祖朱元璋所创制。

洪武三十年（1397年），《**大明律**》颁布，其中"兵律"部分列有"**邮驿律**"18条，另有"例（附注）"10条。

明朝前期，邮驿的分布特点有：

构成有别——南方以水路为主，北方以陆路为主；

分布不均——腹地稠密，边疆稀疏。

明朝邮驿由**兵部车驾清吏司**负责管理。

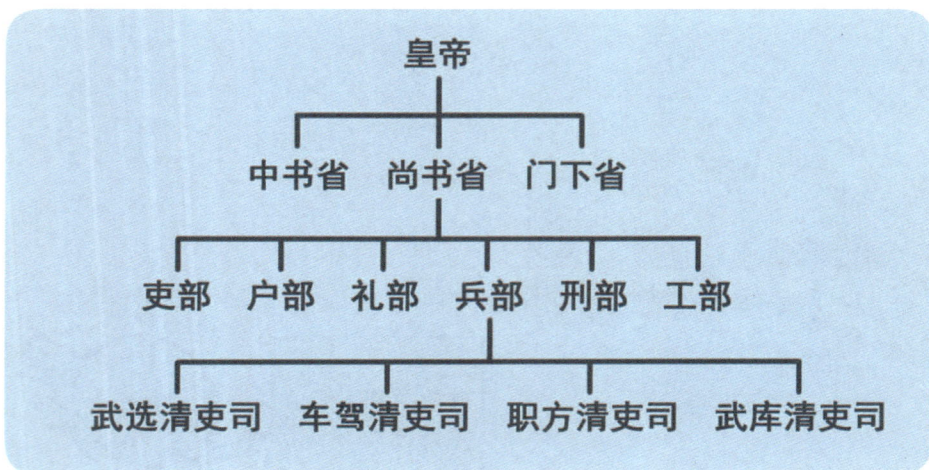

```
                        皇帝
                         |
        ┌────────────────┼────────────────┐
      中书省          尚书省          门下省
                         |
        ┌────────┬────────┬────────┬────────┬────────┐
      吏部      户部     礼部     兵部     刑部     工部
                                    |
        ┌────────────────┬────────────────┬────────────────┐
     武选清吏司       车驾清吏司       职方清吏司       武库清吏司
```

这事该由哪个部门管呢？

民信局，即永乐年间兴起的**民间自发经营的通信组织**，有明显的营利性质。

清朝前期，邮驿沿袭历代驿递传统，其组织形式主要有

驿、铺、所、塘、站、台。

驿为邮驿之主体，又可分为"**腰站**"与"**县递**"两种，为一般省区传送各类公文，尤其以传送相对重要的公文为要务。

铺，多用以辅助驿之传送，一般用于传送**普通公文**。

所，本为递运**官物**而设，后多裁并归驿，不复多见。

塘、站、台是为联系内地与边疆各地所用，主要职责是在内地与边疆各地之间**传递军事**信息，具有一定的特殊性。

军事情报传递！
非常重要！

清朝时，兵部车驾清吏司掌管全国范围内的邮驿事务，同时兵部另设有**会同馆**和**捷报处**。

会同馆：接待藩属贡使的机构。

捷报处：掌管递送文件。凡是各省由驿站递送的奏折，均由捷报处转交奏事处进呈，批回的奏折与军机处廷寄的谕旨，都由捷报处加封发递。

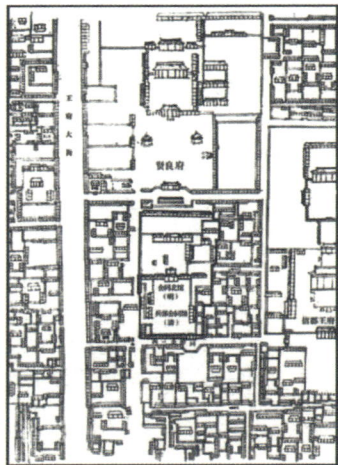

清朝邮驿兼具公文递送和官吏乘传的作用。

"勘合" "火牌" 是清朝邮符，为奉差官吏乘传的凭证，由兵部掌司。公文邮递过程中，有时会用到**火票**。火票主要用于标记事件的重要性，以期保证邮件安全、及时送达。

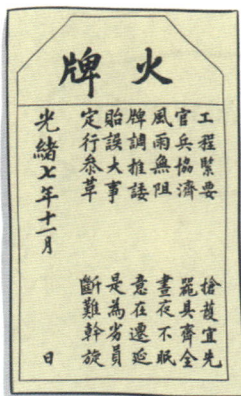

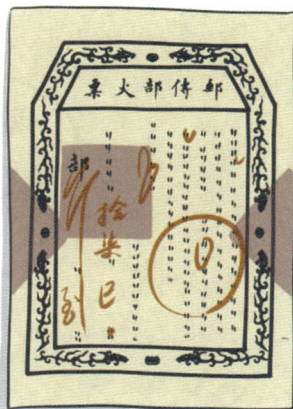

在驿政日益废弛之时，一种以传递官方公文为主的特殊通信机构应运而生，这就是**文报局**，负责朝廷和海外使臣间往来公文的发送。

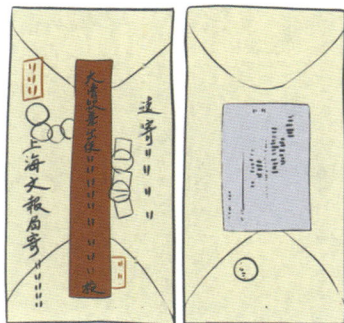

民信局中，专营海外华侨与国内亲属间信件、物品以及汇款往来的民间通信组织被称为"**侨批局**"。

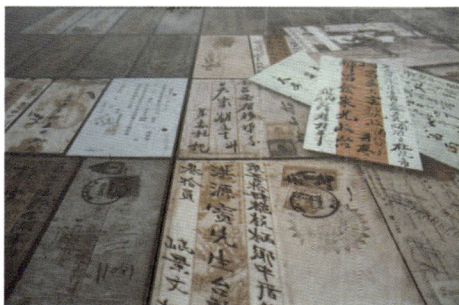

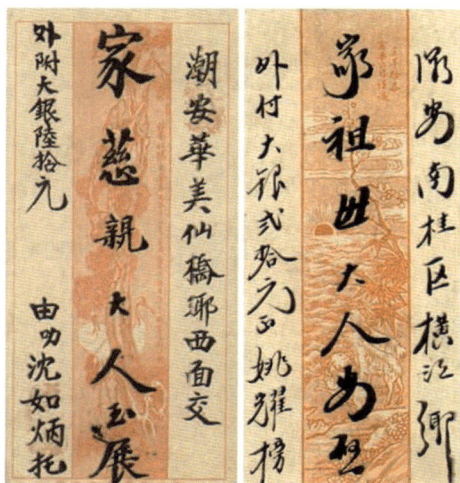

★李自成

——失业驿卒逆袭为农民起义领袖

明天启六年（1626 年）——

李自成
21 岁

新任：
陕西米脂县
银川驿
驿卒

今儿起，我也是个政府官员啦！

好好工作，好好生活！娶个娇妻，生几个孩子……

平平淡淡才是真，人生计划制订中……

想想都觉得很安稳呢……

驿卒的工作任务是——

传递公文，

公文 密信

护送过往官员和重要宾客，

运送重要物资……

虽然工资有点低……

虽然上司有点贪……

……虽然工作有点辛苦，但是还是稳定的"铁饭碗"呀，想想还是觉得很幸福呢。

135

明崇祯三年（1630 年）——

朝廷没钱了！

崇祯皇帝

听说驿站贪腐厉害，正好精简一下，勤俭持家吧！

想法是美好的，现实是残酷的。
这个驿站改革一下子用力过猛——

数万名驿卒失业了！

原本就不富裕的生活，现在更是雪上加霜……

被裁！

失业！

李自成也变成了无业人员……

我平淡而幸福的人生呢？！

啊！

啊！

啊！

啊！

啊！

啊！

"黑化"中——

反了！

137

李自成愤然加入农民军——

闯

"奋臂挥戈，九州幅裂"。

久遭生活所迫的饥民们纷纷加入起义军队伍。

加上李自成的政府工作经验和超强组织能力，起义军规模迅速扩张，最后拥军百万。

就······挺怀念以前平静的生活的······

此后，李自成征战各地，从起义军中的小头领逐步成为名动天下的李闯王。

崇祯十七年（1644年）三月十九日，李自成率领起义军攻破北京城，明朝宣告灭亡。

谁能想到，著名的农民英雄形象——李自成，在发动起义之前也是个吃皇粮的"打工人"呢？

★民信局——邮政业务私营化

民信局是明朝永乐年间（1403—1424年）由宁波商人创办的，是中国民间自发经营的一种通信组织。

清朝中期以后，全国有民信局几千家，从业人员达四五万人之多。

提供上门服务。

我来也！

等候时间不收费。

我可以等！

提供深夜上门取件服务。

24×7

提供各类便民服务。

哪儿等都行！

提供月结、季结、年结、包季、包年等灵活结账服务。

棒棒的！

生意做得有声有色可不是没有原因的哦！

清光绪二十二年二月七日（1896 年 3 月 20 日）——

看起来不错哟！

奏折

光绪皇帝在总理各国事务衙门"兴办邮政"的奏折上批了"依议"二字，正式批准开办大清邮政官局，中国近代邮政由此诞生。

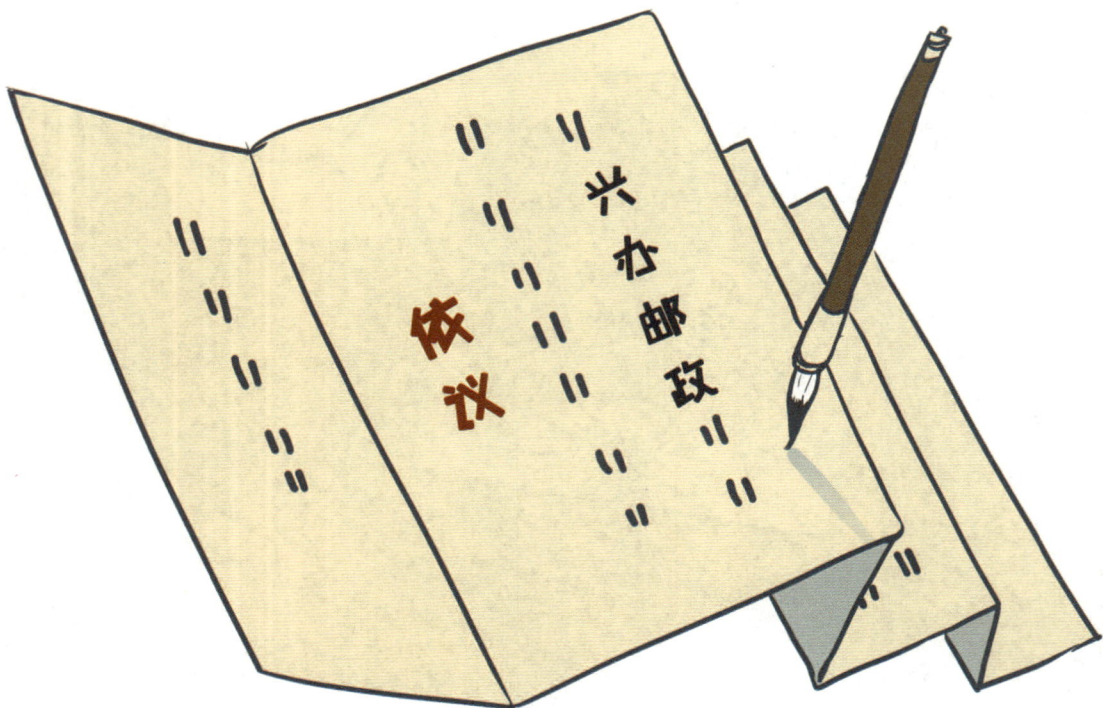

兴办邮政

依议

大清邮政官局建立之后，民信局除了自身发展的局限性，还受到官邮的排挤和打击，这一时期官邮也处于快速发展阶段，民信局的地位则逐渐衰落。

日子不好过了呀……

1928 年，当时的南京国民政府召开交通工作会议通过决议："民信局应于民国十九年（1930 年）一律废止。"到 1935 年，民信局彻底销声匿迹了。

中国近现代

邮政开拓创新

1912 年，中华邮政开办。当时，战乱频繁，政局动荡，外国列强阻挠干涉我国事务，邮政事业的发展面临诸多压力。虽然如此，中华邮政当局还是在艰难困顿中坚持前行。经过积极探索、撤并整顿、改进业务和广大邮电职工的不懈努力，中华邮政当局逐步裁撤了邮驿、邮传部、文报局、"客邮"和民信局等邮通组织，并不断打破地域界限、扭转分裂局面，逐步实现了邮政运营的基本统一，利权统一归并也得以推进。

中华邮政时期

1912 年

★随着中华民国的建立，大清邮政于 1912 年更名为中华民国邮政，简称中华邮政。

1913 年起

★国民政府交通部邮政总局改变思路，按行政省区划分业务管辖范围，将邮界改称为邮区，实行新邮区制。

1914 年 3 月

★正式加入万国邮政联盟，国际邮政规范开始得到推广。

1919 年

★交通部邮政总局根据历年的通令编印《邮政纲要》，印发各邮政机构执行。

1920 年 5 月 7 日

★中国开通北京至天津往返航线，并在京津两地收寄航空邮件，为两地提供航空邮政服务。这是中国民用航空事业及航空邮政的开端。

1922 年 2 月

★华盛顿会议上，万国邮政联盟通过了撤销各国在华"客邮"的决议，"客邮"逐渐退出中国历史舞台，外国人把持中国邮政的历史也随之逐渐结束。

1934 年

★南京国民政府最终取缔了遍布全国的、颇有历史的民信局。

1935 年

★南京国民政府颁布《中华民国邮政法》，使邮政事务法制化。

抗日战争时期

★抗日战争时期（1931—1945 年），中华邮政坚持国际国内通邮，在努力经营大后方邮政的同时，甚至一度保持了与沦陷区的通邮活动，保证了抗日军民的通邮需要，也在一定范围内维持了大后方和沦陷区人民的通信联系。

1946—1947 年 ★国统区的邮政管理日趋混乱和溃退，中华邮政的经营江河日下，最终走向穷途末路。

红色革命邮政时期

1924 年 5 月 ★中共中央扩大执行委员会决议规定，中央组织部之下设"交通"职务，负责发送秘密宣传品。

1927 年 8 月 21 日 ★中共中央向南方局、北方局和各省委临委发布了关于"建立党内交通网"的《中央通告第三号》。

1932 年 5 月 1 日 ★在苏区中央邮政局的基础上成立了中华苏维埃共和国邮政总局。总局领导江西、湘赣、赣东北（闽浙赣）、粤赣（赣南）、闽赣、福建 6 个省级邮政管理局。

1940 年 5 月 ★1940 年 5 月，周恩来应中华邮政总局驻西安第三段军邮总视察林卓午之邀，到其办理处为全体职工做时事讲话。临别前，周恩来题写了"传邮万里，国脉所系"送与林卓午。后在共产党提议下，林卓午率员亲赴延安，磋商并达成国共通邮的协议。

中国人民邮政时期

1948 年

★董必武同志在华北交通会议上做《交通会议总结》，提出统一各解放区邮政名称为"中国人民邮政"、统一邮票式样、统一各级邮政机构名称等意见，但由于当时全国尚未全面解放，董老的建议并未立即付诸实践。

1949 年

★中华人民共和国成立，中国邮政事业亟待恢复。1949年11月1日，中央人民政府邮电部正式成立，12月正式召开第一次全国邮政会议。

1950 年

★邮资票品上第一次统一使用了"中国人民邮政"新铭记。"中国人民邮政"概念的确立，反映了中国共产党对人民的重视。

1958 年

★北京东四邮局冲破思想的藩篱，在全行业率先做到"从台后到台前"，为用户提供服务。

1979 年 ★中共邮电部党组在第十七次全国邮电工作会议上明确提出"邮电通信是社会生产力"的理论判断。

中国邮政时期

1991 年 ★邮电部为了进一步贯彻万国邮政联盟的规定，同时促进改革开放、满足经济发展的需要，决定自 1992 年起将"中国人民邮政"简化为"中国邮政"。

1998 年 ★邮电分营工作完成，邮政和电信开始分别独立自主经营。

2005 年 ★国务院印发《邮政体制改革方案》。

2007 年 ★根据"一分开、两改革、四完善"的邮政体制改革思路，国家邮政局、中国邮政集团公司揭牌，政企分开基本完成。

2008 年

★大部制改革启动，邮政行业为"大交通"增添新动力，邮政、快递企业也乘上了综合交通运输体系的"快车"。

★党的十八大以来，邮政业继续发挥邮政体制改革优势，把创新作为引领发展的第一动力。在创新驱动下，邮政业正让百姓生活更方便，让企业发展更具活力。

邮政知识点

邮差邮路

这是一种人工运邮方法，沿用传统方式，往往还借助一些畜力来完成邮运任务。

航船邮路

这是一种利用轮船及民船带运邮件的方式，受客观条件限制，仅在沿海地区及江河流域使用。

铁路邮路

这是较早借助近现代交通工具从事大规模邮政运营的典范，也是发展较为迅速的一种邮政转运方式。

汽车邮路

由于汽车运输具有快捷灵活的特点，各地邮政部门积极加以利用，汽车邮路成为快速发展的一种邮政转运方式。

航空邮路

航空邮路的开办及发展是中国邮政发展史上的重要成就。

★鸡毛信——抗日战争中的"小英雄"

鸡毛信的前身是"羽书""羽檄"。

> 前面故事里说过的。

> 我秃了，但我更强了……

> 感谢大家的信任，我一定会跑得更快！

鸡毛信的前身在秦汉时期就已出现。对于十分紧急、需要快速传递的公文、信件，在上面插（粘）上鸡毛，表示信件的投送应如鸡疾走一样迅速。

抗日战争时期，鸡毛信是山东战邮用于
传送紧急情报的一种特殊邮件。

鸡毛
+
火柴
=
"鸡毛火速"

鸡毛信的内容简短，写在一张小方块纸上，叠成三角形，
左上角卡上鸡毛，右上角卡上火柴，意为"鸡毛火速"，
是机密快件的标志。

这比自己的生命
还重要，因为它
关系到成千上万
人的生命！

鸡毛信通常传递的是部队、机关出击或转移的情报信息，关系到成千上万人的生
命安全，为抢夺时间，送鸡毛信的人都是一路不停脚地奔跑。

如果是在夜间行动，送鸡毛信的人出发前还必须背熟口令，到达目的地后，先对口令再交信。

假若遇上敌人，避不开时，必须立即采取紧急措施，比如把信件吃到肚子里，以保护情报的安全。

你藏好点，别露馅儿。

在抗日战争时期，有个叫海娃的儿童团团长利用羊尾巴藏住鸡毛信，成功逃避了日本兵的搜查，将鸡毛信送出，这就是我们所熟知的"十万火急鸡毛信"的故事。

革命小英雄！

不算什么啦。那个时代里伟大的英雄人物太多，都是值得铭记于心的。

★明信片——他人也能看的信件

明信片是一种不用信封就可以直接投寄的、写有文字内容的且可能带图片的卡片。

明信片正面为图像，背面写收件人的姓名、地址和邮政编码，以及发件人想对收件人说的话。

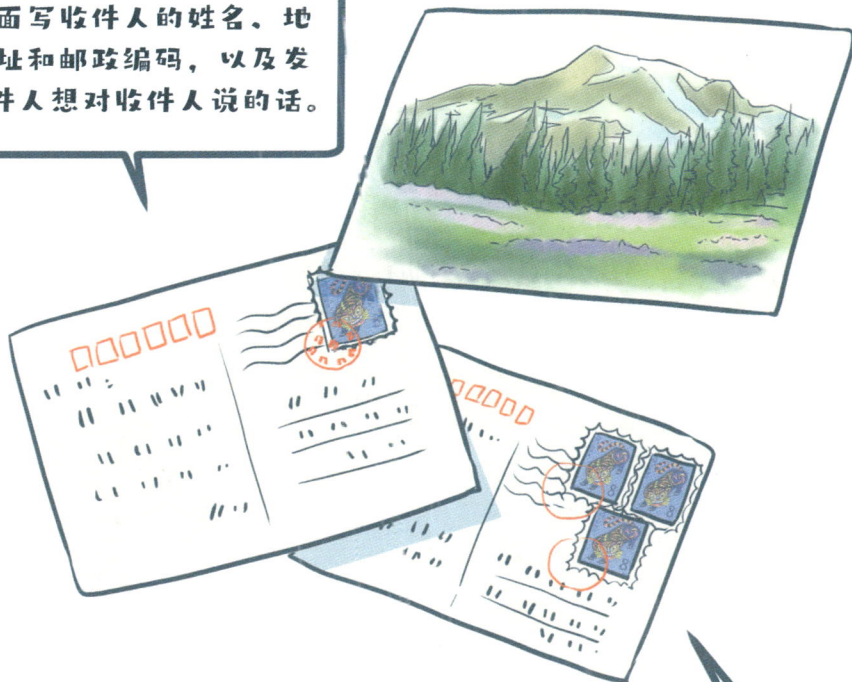

投寄时必须贴有足够面值的邮票！

明信片所写的内容公开，可被他人所看见，内容通常不涉及隐私，由此得名。

★中国第一套明信片由清政府于 1897 年发行，为竖长方形，左上角印有"大清邮政"字样，名为"大清国一版蟠龙直式片"。

★ 1949 年 7 月，华东解放区发行了一套"毛主席像"明信片，只供党政军供给制人员使用。

★新中国成立后，于 1949 年发行了第一套"中国人民邮政明信片"，名称是"天安门图东北贴用片"。

新年前后，贺年明信片在亲朋好友之间往来，架起了友谊的桥梁。

邮政信筒

中国邮政
CHINA POST

★邮票——方寸空间的人文价值

邮票是供寄递邮件贴用的邮资凭证，
一般由主权国家发行。

邮票的方寸空间，常体现一个国家或地区的历史、科技、经济、文化、风土人情、自然风貌等特色，这让邮票除了邮政价值之外还有收藏价值。

英国罗兰·希尔爵士发明的"黑便士"是世界上第一枚邮票。

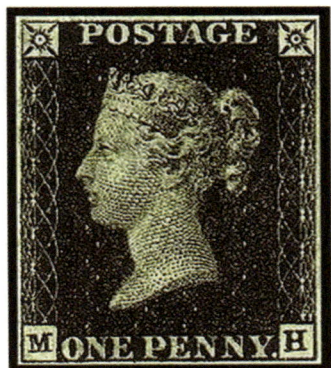

中国最早的邮票是清朝的"大龙邮票"，清光绪四年（1878年）发行。第一套邮票共3种，图案是一条五爪大龙，它在清朝是皇权的象征，具有国徽的性质。

1952 年 7 月 1 日发行的特 3《伟大的祖国（第一组）敦煌壁画》特种邮票，由孙传哲设计，一套 4 枚。第一枚取材自敦煌壁画第 285 窟（西魏年间），主题为狩猎，描绘了猎人在山涧捕射野牛的场景。第二枚取材自敦煌壁画第 296 窟（北周年间），主题为供养人，描绘了两位女供养人手捧供品敬献的场景。第三枚取材自敦煌壁画第 320 窟（盛唐时期），主题为飞天，描绘了两位飞天仙人的形象。第四枚取材自敦煌壁画第 329 窟（初唐时期），主题为乘虎天人，描绘了一位仙人骑在老虎上飞天的场景。

1952 年 6 月 20 日、7 月 7 日、7 月 23 日陆续发行特 4《广播体操》特种邮票，由孙传哲设计，一套 40 枚，图案为 10 节广播体操的动作，分别为下肢运动、四肢运动、胸部运动、体侧运动、转体运动、腹背运动、平衡运动、跳跃运动、整理运动、呼吸运动，每节 4 个动作均体现在邮票之中。

邮票邮品的种类

普通邮票

纪念邮票

特种邮票

编年邮票

军用邮票

航空邮票

包裹邮票

欠资邮票

加盖邮票

公事邮票

快信邮票

附捐邮票

卷筒邮票

临时邮票

个性化邮票

自动化邮票

不干胶邮票

无面值邮票

磷光邮票

丝绸邮票

塑料邮票

金箔邮票

异形邮票

小全张

小版张

小型张

变体票

……………

邮票的要素

票名

铭记

图案

齿孔

材质

面值

志号

年份

★首日封——精美的"时光标本"

　　"首日封"是集邮专有名词，是指在邮票发行首日，贴用该种邮票并盖首日普通邮戳或纪念邮戳的信封，信封可贴上一枚、数枚或全套邮票。经邮政部门实际寄递的称为首日实寄封。首日封结合了邮票、邮戳、信封等邮政文化元素，极具收藏价值。首日封记录了邮票发行的首日，是研究邮票发行史最为真实权威的证据，成为铭记历史的"时光标本"。

　　现存世界上最早的首日封是英国 1840 年 5 月 6 日开始使用"黑便士"邮票时寄出的信封，它是世界上第一枚邮票发行当天寄出的首日封，现存于英国邮政博物馆。欧洲发现的较早的首日封实物，是 1911 年 5 月英国发行第一枚乔治五世邮票时出现的一些首日封。为邮票发行，还出现了专门刻制的"首日发行"字样的邮戳，最早的由美国于 1937 年刻制使用。法国、德国、意大利、瑞典等国家在 20 世纪 40 年代初开始使用"首日"邮戳。

　　1957 年 11 月 7 日中国发行《伟大的十月社会主义革命四十周年纪念》邮票时，中国集邮公司首次正式印制发行了首日封。自此，中国集邮公司开始系列发行纪、特邮票首日封。

如今的首日封设计精美，除了采用现代印刷技术外，有些还会在图案中嵌入纪念币或手工艺品。我国发行的古钱币邮票首日封，就在图案中镶嵌了一枚小小的古钱币仿制品。1983年，为了纪念中华全国集邮展览，中国集邮总公司发行了一种镶有铜币的首日封。1984年，在发行第23届奥运会纪念邮票时，还发行了镶有金币和银币的两种首日封。

2022年北京冬奥会期间，中国邮政部门也发行了两种样式的首日封，由两个特制冬奥会纪念信封和一套《第24届冬季奥林匹克运动会开幕纪念》纪念邮票构成，并加盖了特制的冬奥会开幕纪念邮戳，极具纪念意义。

"一起向未来"信封左侧是蓝底白色的北京冬奥会会徽，上方印有2022年北京冬奥会和冬残奥会的主题口号"一起向未来"，重点展现了北京冬奥会会徽，将雪花虚化为整体背景。

"奥运火炬"信封左侧为冬奥会火炬图像，印有"第24届冬季奥林匹克运动会开幕纪念"字样，以全球首个"双奥体育场"鸟巢为背景，显示出从2008年夏季奥运会到2022年冬季奥运会，奥林匹克精神在北京、在鸟巢薪火相传、生生不息。

★中国邮政——确立绿色为基调

据《后汉书·舆服志》记载，东汉驿卒的服饰有特殊的颜色标识，"驿马三十里一置，卒皆赤帻绛韝云"，即驿卒头裹绛红头巾、膀戴绛红套袖。另外，他们身上还背着"赤白囊"，即一种红白相间的专用邮包。身着特定服饰的驿卒们在驿路上奔驰起来十分醒目，有利于路人远远识别专职邮使的身份，提前避让。

← 红头巾

红套袖

红白色
邮包

水手服

1840 年鸦片战争爆发后，赫德在海关开办邮政。1897 年，海关邮政总办——英国人葛显礼规定：信差穿海军哗叽蓝色马褂，衣服上写"大清邮政"4 个红色大字，马褂铜扣上也都有"大清邮政"字样。马褂的左右两肩各缀圆圈，圈里分别用英文、中文标上信差、船夫第几号字样。

铁政   大清

163

好看！

从晚清到民国时期，邮差的主要制服是马褂。1905 年 1 月，邮政改由法国人帛黎继办。帛黎重新规定：邮政信筒、信箱、邮车、邮船和邮递员制服采用黄绿二色为专用颜色，以绿色为主要色调，黄色作为点缀。

辛亥革命后，"大清邮政"被改为"中华邮政"。因为当时人们认为黄色是皇帝的专用颜色，便废除了邮政事务中的黄色，这一规定由孙中山以临时大总统的名义公布。

北洋政府垮台后，绿色就逐渐成了邮政人员制服的主色调。如在郑州发现的中华邮政邮差背心，用绿色棉布做成，对襟布扣，正面印有"中华邮政"字样，背后印"差"字，字为黄色。

中国共产党领导下的苏区邮政也采用号衣，号衣上有"交通"字样。送信员工作时穿绿色制服或背心，戴袖章。中华苏维埃共和国时期还曾使用过带有"中华苏维埃邮政"徽的帽子，之后又改用袖标和胸前有"邮政"字样的绿背心。

新中国成立后，在 1949 年第一次全国邮政会议上，讨论了邮政专用颜色的问题，考虑到绿色已被群众普遍接受，而且绿色也常象征和平、青春、茂盛和繁荣，所以决定人民邮政专用色仍采用绿色。

1996 年 9 月，邮电部邮政总局公布了中国邮政企业徽志。中国邮政徽志主色的绿色专色值为 PANTONE 342C。

混色值为：C94　M49　Y85　K13

所以大家习以为常的邮政专用颜色并不一直是绿色，实际上集齐了红、蓝、黄、绿等颜色，嘻嘻。

★邮政徽志的演变

　　邮政徽志简称邮徽，是邮政事业的标志，通常被涂装或印刷于邮政建筑、邮政器材用具、邮政车辆、邮政人员的服饰、邮政系统的出版物及各种单据上。

　　1896 年 3 月 20 日，光绪皇帝批准开办大清邮政官局，中国近代邮政由此开始发展，这也标志着中国开始与世界各国邮政平等交往。但由于受到时代的局限，当时并没有设计邮政徽志。

清普 11《红印花加盖暂作邮票》
"暂作洋银肆分"图

　　当时邮差的衣服中间有一个圆形布贴，由圆形勾边和"邮政局邮差"字样组成，这个图案成为邮政在当时普通老百姓心目中的形象代表。

1911 年爆发的辛亥革命推翻了清朝封建统治，1912 年中华民国成立，"中华邮政"取代"大清邮政"。1921 年 5 月 23 日，中华邮政总局正式制定并颁布了"嘉禾飞雁"邮政徽志，这是中国最早的邮政徽志。

该徽志的图案由嘉禾、飞鸿、中华民国五色旗连缀而成，分为圆形和椭圆形两种。同年 8 月 13 日，中华邮政总局发通谕，将邮政徽志的有关条款正式写在《邮政纲要》内，纲要规定："甲．邮政徽志之花样系用嘉禾飞鸿及国旗联系而成。乙．制服上之纽扣及帽章之花样系用嘉禾及飞鸿点缀而成。"飞鸿指代大雁，中国古代素有"鸿雁传书"的传说，时人以此来象征传递书信的邮政事业。

1930 年，当时的交通部重新制定了邮政徽志，图案为白底蓝色圆环，内置红色、正方形篆体"邮"字，这个 LOGO 在我国台湾地区一直沿用至今。

1951 年 6 月 8 日，《邮电部公报》公布了邮电职工证章图案，该图案由金色五角星和红底组成。

图案整体呈现为圆形结构，五角星的上角和两个下角组成一个"人"字，中心和左右两个角则由"邮"与"电"两个汉字组成，整个图形构成"人民邮电"。1981 年，邮电部决定将这个证章图案改作邮电徽志，并通告全国。这个邮电徽志通行全国近 20 年，成为深入人心的邮电行业标志。

1996 年发行的《中国邮政开办一百周年》纪念邮票，每一枚右上角的绿色徽志也正是这个标志。

1965 年 3 月 18 日，经国务院批准，邮电部公布了当时的邮电徽志图案，信桶代表"邮"，信桶与两侧的图形组成"电"字，代表电。非常遗憾，这枚邮电徽志在历史舞台上仅留存了两年时间。

我们目前使用的中国邮政的徽志，是在 1996 年由邵柏林先生设计完成的。

1996 年 9 月，邮电部邮政总局公布了中国邮政企业徽志。徽志文字包括中文和英文两种，中文文字为"中国邮政"，英文文字为"CHINA POST"。徽志图案由"中"字与邮政网络的形象结合而成，其中还融入了鸿雁的造型。徽志图案造型朴实有力，以横与直的平行线为主要构成，代表秩序与四通八达；稍微向右倾斜的处理，体现了方向与速度感。

结语

　　进入新时代以来，中国邮政业蓬勃发展，目前已基本构建了覆盖全国、深入乡村、通达世界的邮政快递网络，高速公路快递、高铁快递、航空快递运力不断增强。全国建制村全部实现了直接通邮，快递网点基本实现乡镇全覆盖。甚至，将信件寄往太空都不再只是科幻小说中的情节。2022 年 7 月 22 日，中国载人航天工程办公室公布了"带着我的梦想上天宫"活动的第一封航天员太空回信，神舟十四号载人飞船航天员乘组在中国空间站拆阅并回复了一位中国香港中学生的信件。

　　未来，随着社会发展与技术变迁，中国邮政业将继续坚守"人民邮政为人民"的初心使命，在党的二十大精神指引下，为全面建成社会主义现代化强国、实现第二个百年奋斗目标贡献邮政力量。

表情包